1 三年生の復習(ふくしゅう)①

月　日

名前

始め　時　分

終わり　時　分

かかった時間　分

とく点　点

1 〈　〉の言葉を、文に合う形に変(か)えて、(　)に書きましょう。（一つ6点）

① 〈持つ〉荷物が重いので、両手で(　　)た。

② 〈拾う〉ろうかでハンカチを(　　)ました。

③ 〈進む〉交通じゅうたいで車が(　　)ない。

④ 〈泳ぐ〉昨日(きのう)、友達(ともだち)とプールで(　　)だ。

⑤ 〈遊ぶ〉休日は、父と広場で(　　)だ。

2 〈　〉の言葉を、文に合う形に変(か)えて、(　)に書きましょう。（一つ6点）

① 〈軽い〉
中身を出したら①(　　)なった。
弟のかばんは②(　　)た。

② 〈美しい〉
そうじをしないと、①(　　)ない。
絵が②(　　)ば、人目をひく。
海にしずむ夕日が③(　　)た。

3 ——の言葉を、国語辞典に出ている形（言い切りの形）に書きかえましょう。（一つ5点）

例
作文を書いた。（書く）
力が強くなる。（強い）

① 夏休みに、長野県の山に登った。（　　）

② 本で調べたことをノートに書く。（　　）

③ かぜの薬を飲んだら苦かった。（　　）

④ 花がかれてしまって悲しかった。（　　）

4 次の言葉を、ローマ字で書きましょう。（一つ5点）

① はくしゅ（はく手）

h

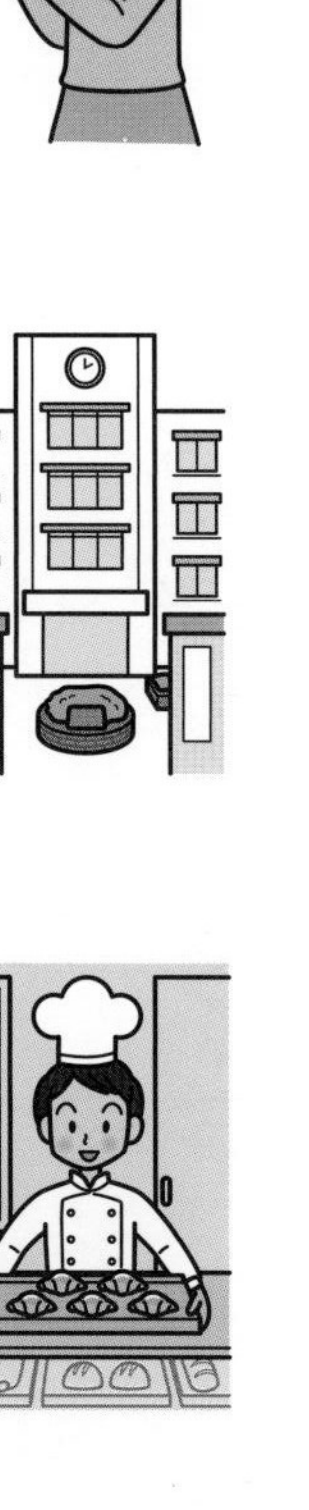

② がっこう（学校）

g

③ パンや（パン屋）

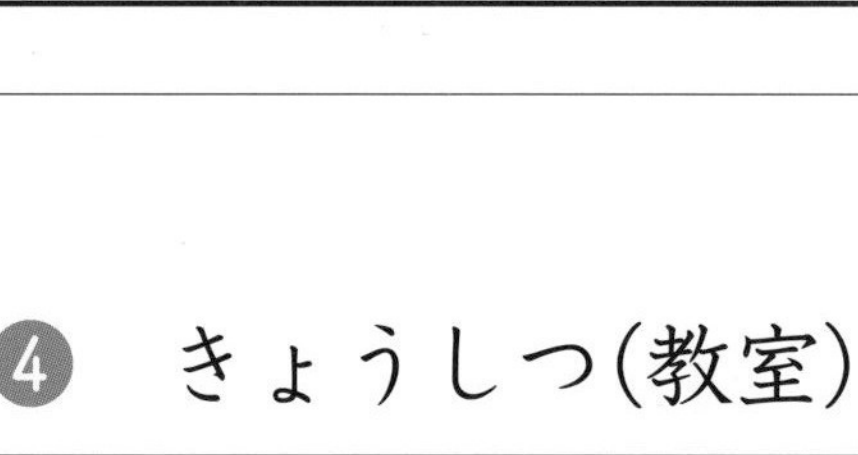

④ きょうしつ（教室）

3 言い切りの形では、動きを表す言葉は「歩く」「よぶ」「思う」のように、「ウ段」の音で終わり、様子を表す言葉は「い」で終わるよ。

2 三年生の復習②

月　日

始め　時　分
終わり　時　分
かかった時間　分
名前
とく点　点

1 ——の言葉を、漢字と送りがなで書きましょう。（一つ5点）

① ベルトの長さがみじかい。（短　）
② 毎日、しあわせにくらす。（　）
③ うつくしい風景が広がる。（　）
④ 登校前に服そうをととのえる。（　）

2 次の文の形を［　］から選んで、記号を書きましょう。（一つ5点）

① その　大きな　魚は、さめだ。（　）
② たくさんの　せみが　ミンミン　鳴く。（　）
③ 夜に　なると、街は　静かだ。（　）
④ 神社の　境内には、松の　木が　ある。（　）

ア　何が(は)　どうする。
イ　何が(は)　どんなだ。
ウ　何が(は)　何だ。
エ　何が(は)　ある(いる)。

文の終わりの言葉(述語)は、どんなせいしつの言葉かを考えよう。

3 次の空いている□にあてはまる「こそあど言葉」を書きましょう。（一つ5点）

	ものごと		場所	方向	様子
こ（話し手に近い。）	これ	この	⑤	こちら	⑧
そ（相手に近い。）	①	③	⑥	そちら	そんな
あ（話し手・相手のどちらからも遠い。）	②	あの	あそこ	⑦	あんな
ど（はっきりしない。）	どれ	④	どこ	どちら	⑨

4 絵に合うように、次の言葉に続けて、文を作りましょう。（一つ5点）

① 

雨が、急にふってきた。

（それで、　　　　）

② 

わたしは、全力で走った。

（しかし、　　　　）

③ 

ぼくは、日曜日に野球をした。

（また、　　　　）

3 「これ」「そちら」「あの」「どれ」など、上に「こ・そ・あ・ど」のついた言葉を、「こそあど言葉」というよ。

3 反対の意味の言葉

月　日　名前

始め　時　分
終わり　時　分
かかった時間　分
とく点　点

1（3年生のおさらい！） □と反対の意味の言葉を、[　]から選(えら)んで書きましょう。（一つ5点）

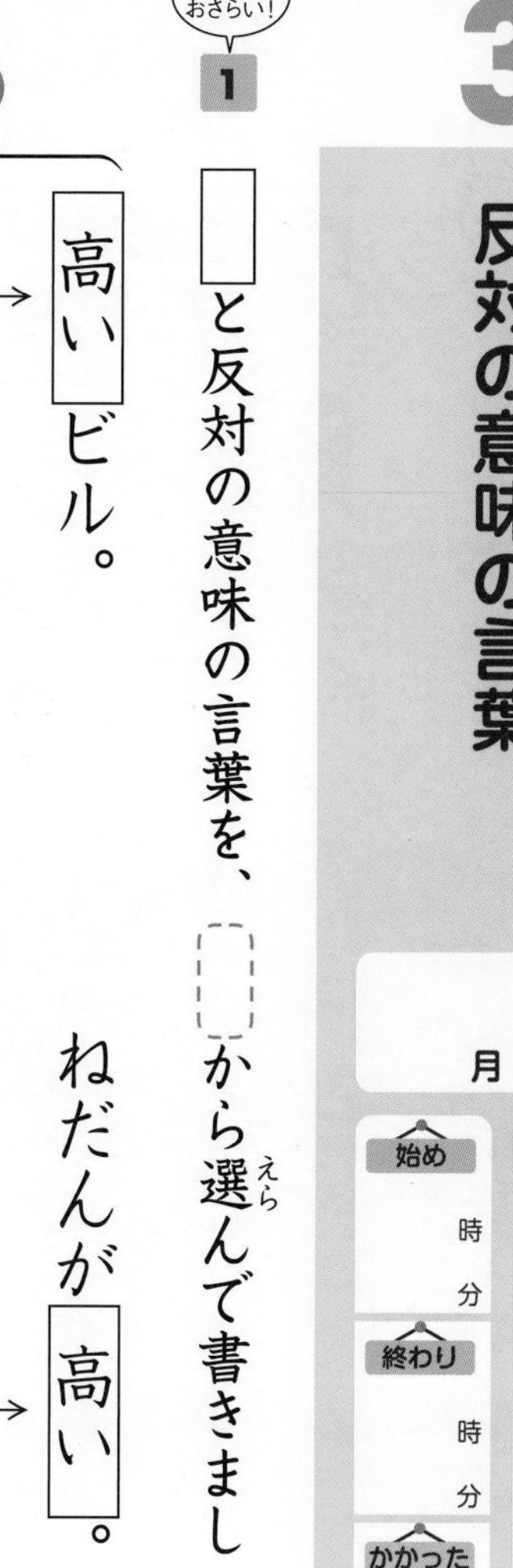

① 高いビル。 ↔ （　　　）ビル。

　ねだんが高い。 ↔ ねだんが（　　　）。

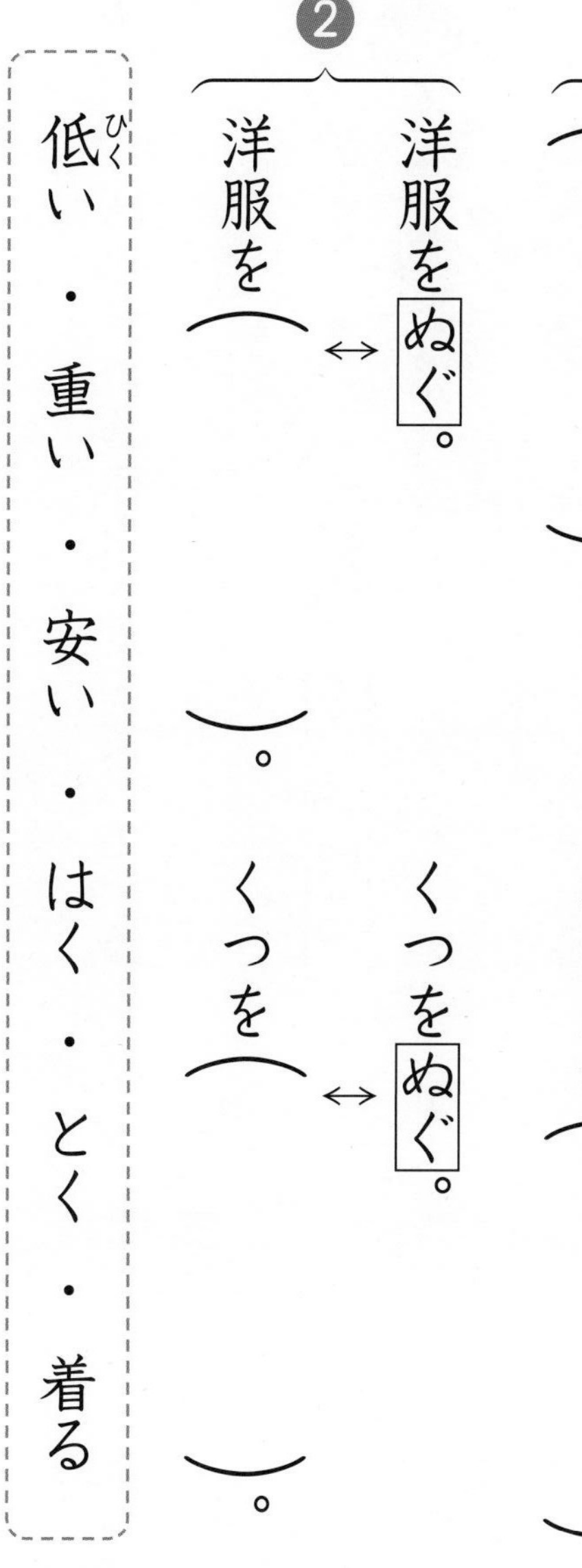

② 洋服をぬぐ。 ↔ 洋服を（　　　）。

　くつをぬぐ。 ↔ くつを（　　　）。

[低(ひく)い・重い・安い・はく・とく・着る]

2 □と反対の意味の言葉を、[　]から選(えら)んで書きましょう。（一つ5点）

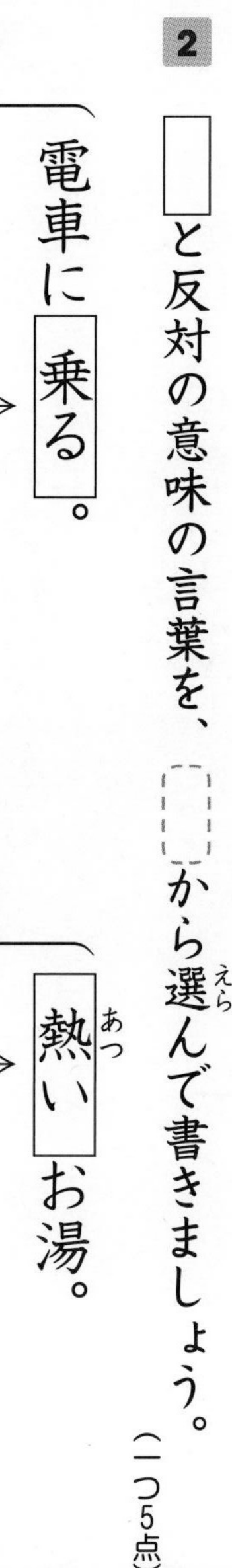

① 電車に乗る。 ↔ 電車を（　　　）。

② 熱(あつ)いお湯。 ↔ （　　　）水。

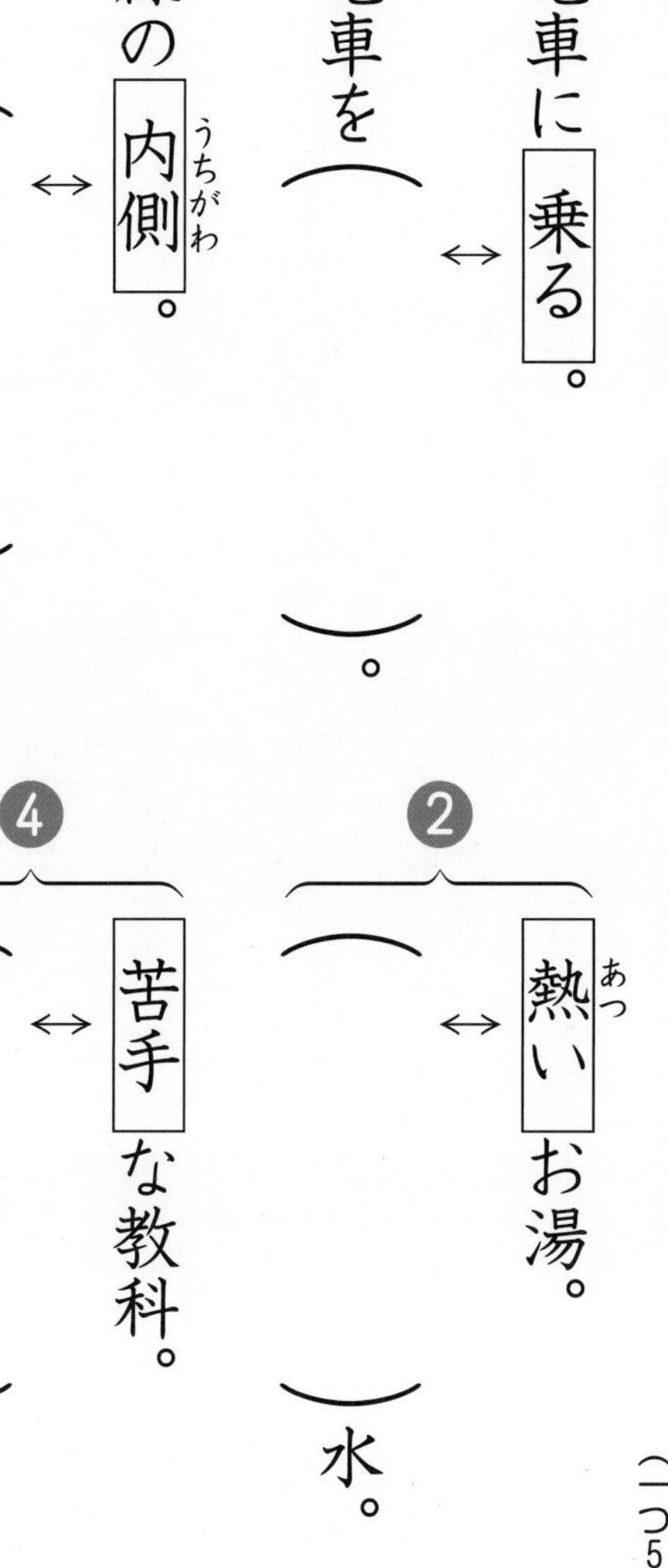

③ 線の内側(うちがわ)。 ↔ 線の（　　　）。

④ 苦手な教科。 ↔ （　　　）な教科。

[おりる・すずしい・冷(つめ)たい・右側(みぎがわ)・外側(そとがわ)・用意・とくい]

3 □と反対の意味の言葉を、（　）に書きましょう。（一つ8点）

① 試合が、三時ちょうどに[始まる]。（　　）

② わたしは、友人に本を[かす]。（　　）

③ 休日は、[県内]の自動車が多い。（　　）

④ [自然]のままの森林が広がる。（　　）

⑤ 実験は、何度も[失敗]した。（　　）

文を書く力

4 □の反対の意味の言葉を使って、絵に合う文を二つ書きましょう。（二つの文を書いて、一つ10点）

①

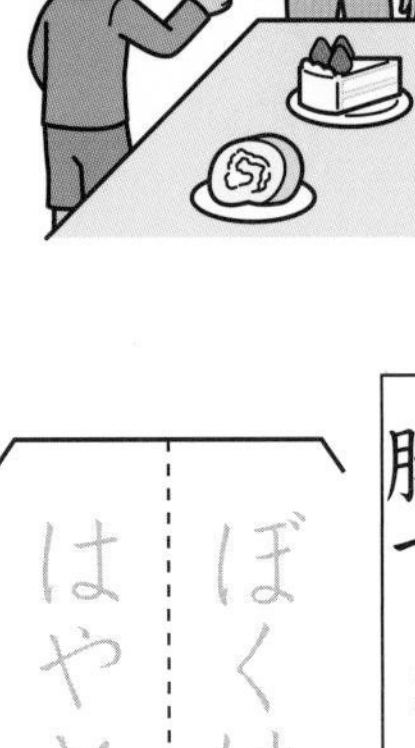

[勝つ ↕ 負ける]

ぼくは、

はやと君は、

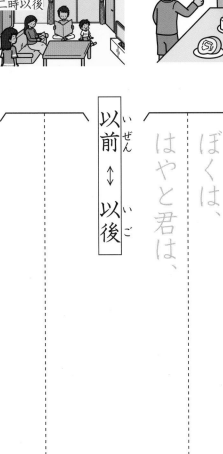

②

二時以前

二時以後

[以前 ↕ 以後]

反対の意味の言葉は、いっしょに覚えておこう！

3 ③～⑤は、漢字二字でできた言葉を書くよ。

4 仲間（なかま）の言葉・にた意味の言葉

月　日

始め　時　分
終わり　時　分
かかった時間　分

名前

とく点　点

3年生のおさらい！

1 □の言葉を、ひとまとめにいう言葉を、⬚から選（えら）んで書きましょう。（①は2点、②③は一つ4点）

① ヨット・ボート・汽船・タンカー（船）
② シャツ・ズボン・スカート・セーター（　）
③ かぼちゃ・トマト・ほうれん草・なす（　）

洋食・洋服・船・車・野菜（やさい）・果物（くだもの）

2 次の□に関係（かんけい）のある言葉を、⬚から三つずつ選（えら）んで書きましょう。（一つ5点）

① 体……（　）（　）（　）
② 家具……（　）（　）（　）
③ 交通……（　）（　）（　）

手足・たんす・道路・食道・交差点（こうさてん）
血管（けっかん）・本だな・信号（しんごう）・ベッド

3 □とにた意味の言葉を、〔　〕から選んで書きましょう。（一つ5点）

❶ サッカーの試合で一点差で[敗れる]。……（　　　）

〔助ける・負ける・付ける〕

❷ ペットの子犬を[かわいがる]。……（　　　）

〔愛する・学習する・運転する〕

❸ ぼくの[欠点]を母親にしてきされる。……（　　　）

〔住所・長所・短所〕

4 次の言葉とにた意味の言葉を、□から二つずつ選んで書きましょう。（一つ5点）

❶ 話す（　　　）（　　　）

❷ うれしい（　　　）（　　　）

たたく・楽しい・しゃべる
のべる・近づく・決心する
にこにこする・よろこぶ・語る

○「どうどうと意見をのべる。」
×「どうどうと意見をしゃべる。」
のように、にた意味の言葉でも、同じ文で使えない場合があるよ。

仲間の言葉やにた意味の言葉は、いっしょにまとめて覚えておくと、作文などを書くときに役立つよ！

5 動きを表す言葉

3年生のおさらい！

1 上の言葉に続く言葉を下から選んで、——で結びましょう。（一つ3点）

① ゴールをねらってボールを・　　・食べる。

② 弟がおかしをぱくぱく・　　・ける。

③ ビルの屋上から景色を・　　・働く。

④ パトカーのサイレンが・　　・聞こえる。

・ながめる。

2 （　）に合う言葉を、［　］から選んで書きましょう。（一つ4点）

① 友人にかりた本を（　　　）。

［進む・返す・建てる］

② 鳥が空高く（　　　）。

［よろこぶ・調べる・飛ぶ］

③ 明日の体育は水泳だと（　　　）。

［争う・打つ・伝える］

どれも動きを表す言葉だよ。どのような動きを表すのかを考えてみよう。

月　日

始め　時　分

終わり　時　分

かかった時間　分

名前

とく点　点

3 次の言葉を、□に合う形で書きましょう。（一つ4点）

① 動く
動□ない。
動□た。

② 返す
返□う。
返□た。

③ 登る
登□ます。
登□ば、
登□た。

④ 運ぶ
運□ない。
運□う。
運□だ。

4 〈　〉の言葉を、文に合う形に変えて、（　）に書きましょう。（一つ6点）

① 〈焼く〉
フライパンでハンバーグを（　　　）た。
みんなで肉や野菜を（　　　）う。

② 〈結ぶ〉
早くくつのひもを（　　　）なさい。
おくり物にリボンを（　　　）だ。

③ 〈笑う〉
父はあまり（　　　）ない人だ。
友人の話がおもしろくて（　　　）た。

3 **4** では、□や（　）の後の言葉に注意して、言葉の形を変えるよ。ほかの動きを表す言葉も、文に合う形に変えて使ってみよう！

6 様子を表す言葉

月　日

始め　時　分
終わり　時　分
かかった時間　分

名前

とく点　点

3年生のおさらい！

1 ——の言葉の使い方が正しい文を二つ選んで、○をつけましょう。（一つ6点）

ア（　）今夜は星がぶらぶら光っている。
イ（　）スーパーマーケットで友人にばったり会った。
ウ（　）昨日の宿題をびっしょりやってきた。
エ（　）テストで満点をとって、にこにこしている。

2 次の言葉を、□に合う形で書きましょう。（一つ5点）

① 暑い
- 暑□なる。
- 暑□□た。

② 親しい
- 親し□人。
- 親し□□ば、

3 〈　〉の言葉を、文に合う形に変えて、（　）に書きましょう。（一つ5点）

① 〈浅い〉
- 大人用のプールは（　　）なかった。
- プールが（　　）ば、弟でも泳げる。

② 〈冷たい〉
- 夜になると、空気が（　　）なる。
- 海の水は、まだ（　　）た。

4 （　）に合う言葉を、［　］から選んで書きましょう。（一つ6点）

❶ 赤ちゃんが（　　　　）ねむっている。

❷ 子犬が、足もとで（　　　　）回る。

❸ 空がくもって、雪が（　　　　）ふってきた。

❹ なべのにものが、（　　　　）にえている。

くるくる・きらきら・すやすや・ぐつぐつ・ちらちら

5 〈　〉の言葉を使って、絵に合う文を作りましょう。（一つ8点）

❶ 

〈そっと〉

（弟は、　　　　）

❷ 

〈どっと〉

（お客が、　　　　）

❸ 

〈からっと〉

（空が、　　　　）

2 3では、□や（　）の後の言葉に注意して、うまくつながる形に言葉を変えよう。答えを書き入れた後で読んで、おかしくないかたしかめよう！

7 仕上げドリル①

1 □の文章を読んで、後の問題に答えましょう。

わたしは、友人より先に来てバスを待っていた。でも、友人は発車直前にやって来たので、わたしたちは最後にバスに乗ることになった。友人は、

「朝、起きられないのが欠点なんだよね。」

と言って、わたしに□た。

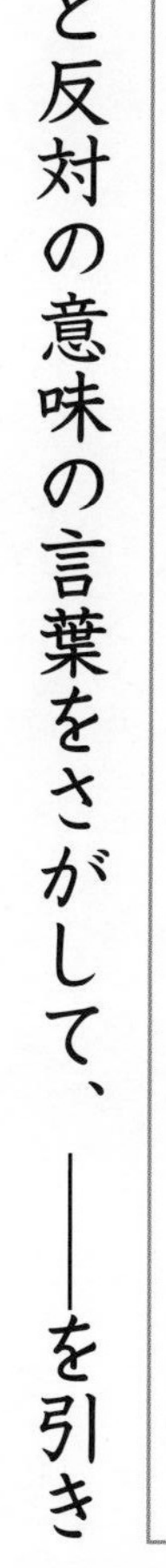

❶ 次の言葉と反対の意味の言葉をさがして、——を引きましょう。（一つ5点）

① 直後　② 最初

❷ 「乗る」と反対の意味の言葉を書きましょう。（10点）

（　　　　）

❸ 「欠点」とにた意味の言葉を書きましょう。（10点）

（　　　　）

❹ 「あやまる」を、□に合う形に変えて、（　）に書きましょう。（10点）

わたしに（　　　　）た。

2 □の文章を読んで、後の問題に答えましょう。

図書館で本を借(か)りた後、天気がよかったので、公園のベンチにすわって読書を始めた。日差(ひざ)しが、じりじりと照(て)りつけた。暑くなってきたので、わたしは冷(つめ)たいジュースを□だ。それから、家に帰って、すずしい部屋(へや)で続(つづ)きを読んだ。

1 次の言葉と反対の意味の言葉をさがして、――を引きましょう。（一つ10点）

① 終える　② 寒い

2 次の言葉と反対の意味の言葉を書きましょう。（一つ10点）

① 借(か)りる↔（　　）

② 冷(つめ)たい↔（　　）

3 日差(ひざ)しが照(て)りつける様子を表す言葉に、〰〰を引きましょう。（10点）

4 「飲む」を、□に合う形に変(か)えて、（　）に書きましょう。（10点）

ジュースを（　　）だ。

2 「寒い」「冷(つめ)たい」「すずしい」は、にた意味の言葉だよ。「冷(つめ)たい水」とはいうけど、「寒い水」「すずしい水」とはいわないから注意しよう！

8 組み合わせた言葉

©くもん出版

月　日

名前

始め　時　分

終わり　時　分

かかった時間　分

とく点　点

3年生のおさらい！

1 □にあてはまる言葉を、ひらがなで書きましょう。（一つ6点）

① いちばん ＋ □ → いちばんぼし

② ながい ＋ そで → □

③ □ ＋ はこ → とびばこ

④ □ ＋ あし → はやあし

⑤ かける ＋ □ → かけごえ

文を書く力

2 □の言葉を使って、絵に合う文を作りましょう。（一つ7点）

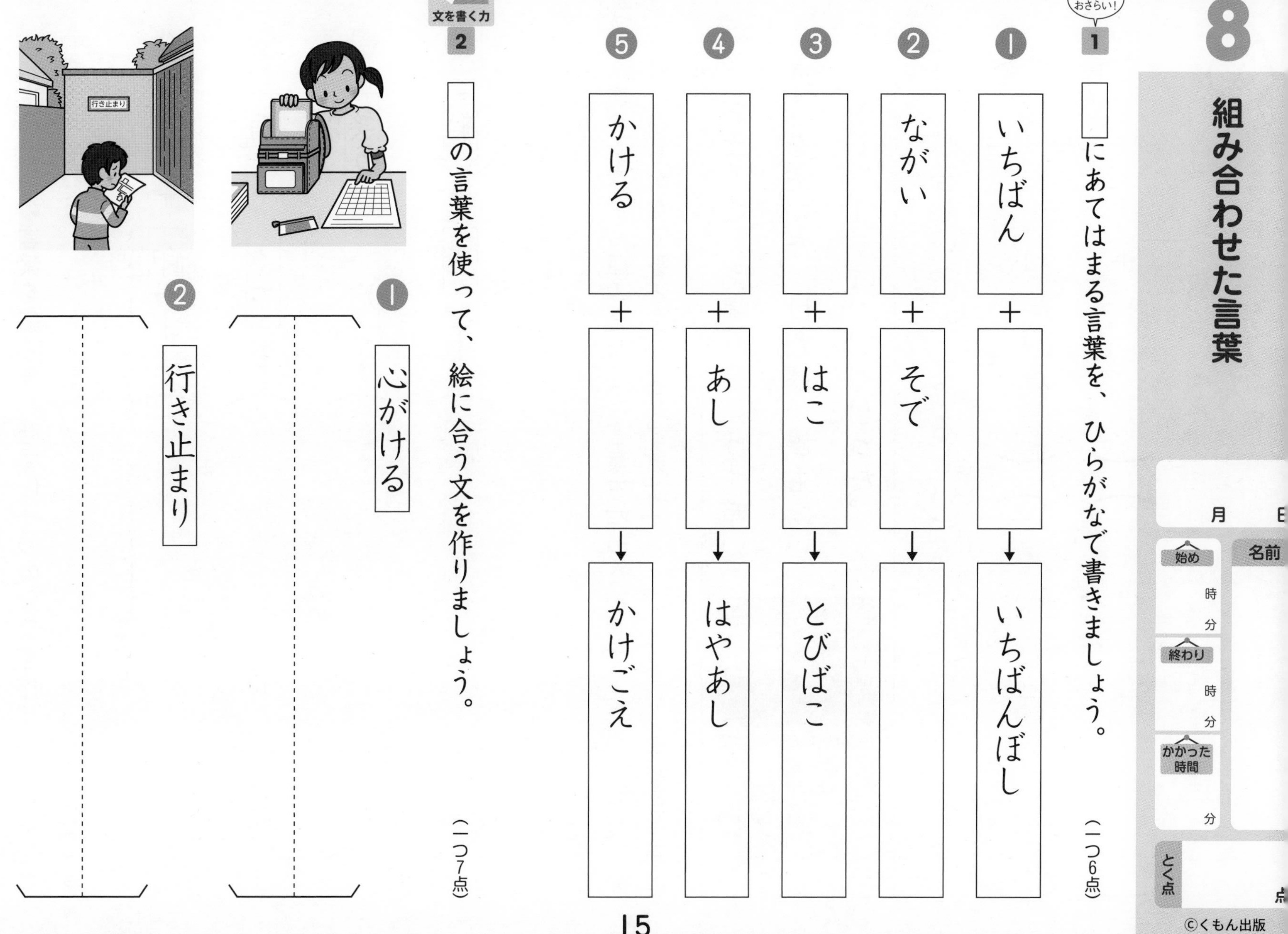

① 心がける

② 行き止まり

3 次の二つの言葉を組み合わせて、一つの言葉を作り、ひらがなで書きましょう。（一つ6点）

① 目 ＋ 印（しるし） →（　　　　　）

② 雨 ＋ くつ →（　　　　　）

③ 笑（わら）う ＋ 声 →（　　　　　）

④ 船 ＋ 底（そこ） →（　　　　　）

4 次の文章から組み合わせた言葉を四つさがして、二つの言葉に分け、ひらがなで書きましょう。（両方書けて一つ8点）

おそくなった帰り道、うす暗い通りを歩いた。はだ寒い風もふいてきて、ぼくは心細くなった。

〈例（れい）〉 息苦しい（いき＋くるしい）

（　　　　　）＋（　　　　　）

（　　　　　）＋（　　　　　）

3 組み合わせるとき、音が変（か）わるところに注意しよう！ **4** では、二つの言葉に分けるとき、言い切りの形に直すのをわすれないでね。

9 国語辞典の使い方①

3年生のおさらい！

1 国語辞典に出ている順に、番号をつけましょう。（全部できて一つ5点）

①
（　）もも
（ー）みかん
（　）りんご

②
（　）くるま
（　）こども
（　）かぞく

③
（　）しお
（　）しずく
（　）しか

④
（　）なみだ
（　）なまえ
（　）なまいき

一字目が同じときは、二字目をくらべるよ。一字目も二字目も同じときは、三字目をくらべるよ。

2 ――の言葉を、国語辞典に出ている形（言い切りの形）に書きかえましょう。（一つ7点）

〈例〉 荷物を向こうに運びます。（運ぶ）

① なかなかバスが動かない。（　）

② 新聞紙を二つに折ってみる。（　）

③ この話はまだ続きます。（　）

④ スープがだんだん冷めてきた。（　）

月　日
始め　時　分
終わり　時　分
かかった時間　分
名前
とく点　点

3 国語辞典に出ている順に、番号をつけましょう。（全部できて一つ6点）

①
（　）にんじん
（　）きゅうり
（　）だいこん

②
（　）がっこう
（　）びょういん
（　）としょかん

③
（　）おおきい
（　）おうさま
（　）おうえん

④
（　）きょうしつ
（　）きゅうしょく
（　）ぎゅうにゅう

4 ――の言葉を、国語辞典に出ている形（言い切りの形）に書きかえましょう。（一つ7点）

〈例〉鉛筆が短くなる。（短い）

① 北海道の気温は、低かった。（　　）
② 悲しくて、なみだが止まらない。（　　）
③ 天気が悪ければ、遠足は中止だ。（　　）
④ 全力で走って、体が熱くなる。（　　）

2 国語辞典では、形の変わる言葉は言い切りの形で出ているよ。動きを表す言葉は、「会う」「行く」のように「ウ段」の音で終わるよ。

10 国語辞典の使い方②

月　日　名前

始め　時　分
終わり　時　分
かかった時間　分
とく点　点

1 ――の言葉を、国語辞典に出ている形（言い切りの形）に書きかえましょう。（一つ10点）

昨日、姉とケーキを①作った。本に②書いてあった作り方を③ためした。初めてにしては、とても④おいしくできた。

①（　　）
②（　　）
③（　　）
④（　　）

2 ――の言葉の意味に合うほうを選んで、○をつけましょう。（一つ5点）

① 花だんに生えていた雑草を取る。

ア（　）必要なものを自分のものにする。
イ（　）必要でないものを取りのぞく。

② 来週が、このドラマの山になるだろう。

ア（　）ものごとのいちばん大事なところ。山場。
イ（　）高く積み上げたもの。

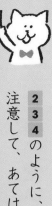

3 ——の言葉と同じ意味で使われている文を一つ選んで、○をつけましょう。（10点）

弟は、浅いプールで遊んでいた。

ア（　）おじさんは、浅い緑色のシャツを着ていた。

イ（　）姉の学校は、できてから日が浅い。

ウ（　）できた料理を浅い皿にもりつける。

4 ——の言葉の意味を［　］から選んで、記号を書きましょう。（一つ10点）

1 美しい音色でバイオリンをひく。（　）

2 ふろのお湯が熱くて、ふれた手をひく。（　）

ア 手前によせて、引っこめる。
イ 楽器を鳴らす。えんそうする。
ウ 多くの中から選んで、さがしだす。

3 もう一度、本を頭から読み直す。（　）

4 頭がよくて、じまんの姉です。（　）

ア 人などの、首から上の部分。
イ 考えたり思いついたりする力。のうの働き。
ウ ものごとの初め。最初。

2 3 4 のように、たくさんの意味がある言葉は、文の中での使われ方に注意して、あてはまる意味をさがすようにしよう！

11 決まった言い方をする言葉①

月　日　名前

始め　時　分
終わり　時　分
かかった時間　分
とく点　点

1 慣用句を使った文で、（　）に合う言葉を［　］から選んで書きましょう。（一つ6点）

① 妹はとても（　　）がかたい。

② 友人からの電話を（　　）を長くして待っていた。

③ 長い時間歩いたので、（　　）がぼうになった。

［首・目・足・手・口］

2 （　）に合う言葉（慣用句）を、［　］から選んで書きましょう。（一つ6点）

① 何度も言われて（　　）。

② 悲しい話を聞いて（　　）。

③ 先生にほめられて（　　）。

④ 宿題が多くて、一日では（　　）。

［手に負えない・耳にたこができる
むねがいたむ・鼻が高い］

二つ以上の言葉が結びついて、特別な意味を表す言葉を「慣用句」というよ。

3 次の言葉（慣用句）の意味に合うものを［　］から選んで、記号を書きましょう。（一つ7点）

① えりを正す……（　　）
② 話に花がさく……（　　）
③ 図にのる……（　　）
④ 虫がいい……（　　）

ア いい気になって調子にのる。
イ 気持ちを引きしめて、ものごとにあたる。
ウ 自分の都合がよいように考える。
エ 次から次へと、いろいろな話が出る。

「えりを正す」は、着物のえりを整えて、しせいをきちんとすることからできた慣用句だよ。

4 （　）に合う言葉（慣用句）を［　］から選んで、記号を書きましょう。（一つ10点）

① 音楽会のじゅんびでいそがしくて、（　　）ほどだ。
② 作文の内容をどうするか、（　　）。
③ 友人とは（　　）ので、いつもいっしょに遊んでいる。

ア 羽をのばす
イ ねこのひたい
ウ 馬が合う
エ ねこの手も借りたい
オ さばを読む
カ ちえをしぼる

1 **2** は、体の部分を表す言葉を使った慣用句だよ。ほかにもたくさんあるので、辞典で調べてみよう！

決まった言い方をする言葉②

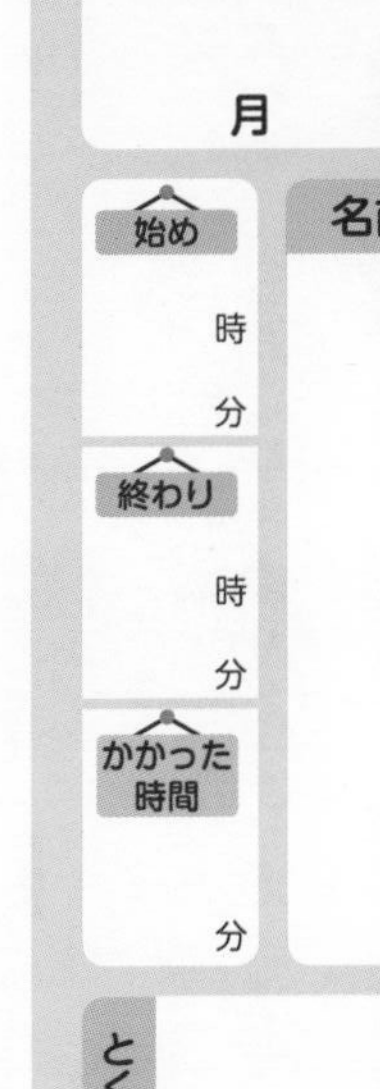

月 日
名前
始め 時 分
終わり 時 分
かかった時間 分
とく点

1 下の意味のことわざになるように、合うほうを◯でかこみましょう。（一つ8点）

① {馬／犬}の耳に念仏（ねんぶつ）…いくら言い聞かせても、全くききめがないこと。

② {口／目}はわざわいの元（もと）…話す言葉には気をつけたほうがよいということ。

③ {好（す）き／きらい}こそものの上手（じょうず）なれ…やりたいことは熱心（ねっしん）にするので、自然（しぜん）と上手（じょうず）になるということ。

2 次のことわざの意味に合うものを[ ]から選（えら）んで、記号を書きましょう。（一つ8点）

① つるのひと声……（　　）

② 二階から目薬……（　　）

③ たなからぼたもち……（　　）

ア　思いがけない幸運を手に入れること。
イ　多くの人をしたがわせる力がある人のひと言。
ウ　思うようにならなくて、じれったいこと。

昔から人々の間で言い伝（つた）えられてきた言葉を、「ことわざ」というよ。

3 上のことわざと下の意味が合うように、（　）に合う言葉を[　]から選んで書きましょう。（一つ7点）

❶ （　　　）に金棒……〈（　　　）強い者がさらによい条件をえて、（　　　）をますこと。〉

❷ （　　　）に（　　　）……〈なんの（　　　）も、ききめもないこと。〉

❸ うでおし

塩・おに・強さ・のれん・手ごたえ・しょんぼり

4 次の様子に合うことわざを[　]から選んで、記号を書きましょう。（一つ8点）

❶ 小さいころからピアノのきびしい練習を続け、大人になってコンクールで一位になった。…（　　）

❷ 紙飛行機が飛ばなかったので、悪い点を調べ、もう一度作ってみたら、うまく飛んだ。…（　　）

❸ 兄は出かける先の天気予報が晴れとかくにんしても、雨具を持って出かけた。…（　　）

ア　失敗は成功のもと
イ　石の上にも三年
ウ　石橋をたたいてわたる

ことわざは、ふだんの生活に役立つ教え（教訓）や知識などを、短い言葉で表したものだよ。

仕上げドリル②

1 □の文章を読んで、後の問題に答えましょう。

夏休みに、家族で船旅①をすることになりました。父が、

「南の島でゆっくり羽をのばしたいな。」

と言ったのが、この旅の計画の始まりでした。白波②がよせる海岸で、思いきり遊びたいです。今から首を長く③して待っ④ています。

① 決まった言い方をする言葉（慣用句（かんようく））を二つさがして、――を引きましょう。（一つ10点）

② ①・②の――の言葉をひらがなで書きましょう。（一つ5点）

① 船旅（　　　）　② 白波（　　　）

③ ③・④の――の言葉を、国語辞典（じてん）に出ている形（言い切りの形）に書きかえましょう。（一つ5点）

③ 長く→（　　　）　④ 待っ→（　　　）

月　日　名前

始め　時　分
終わり　時　分
かかった時間　分

とく点　点

2 □の文章を読んで、後の問題に答えましょう。

わたしは足がおそかった①ので、速く②走れるようにと、毎日一生けんめい練習した。

そして、ついに五十メートル走の目標(もくひょう)タイムを切って、初(はじ)めてリレーの選手(せんしゅ)に選(えら)ばれた③。

そのことを母に知らせると、

「石の上にも三年だね。」

と言って、ほめて④くれた。

❶ 決まった言い方をする言葉(ことわざ)をさがして、――を引きましょう。(10点)

❷ ①〜④の――の言葉を、国語辞典(じてん)に出ている形(言い切りの形)に書きかえましょう。(一つ10点)

① おそかっ→(　　　)
② 速く→(　　　)
③ 選(えら)ば→(　　　)
④ ほめ→(　　　)

❸ 切ってと同じ意味で使われている文に、○をつけましょう。(10点)

ア(　)ゲームのスイッチを切って、勉強した。
イ(　)発表会まで一週間を切っている。

1❸③、2❷①②ここでの様子を表す言葉の言い切りの形は、「早い」「楽しい」のように、「い」で終わるよ。

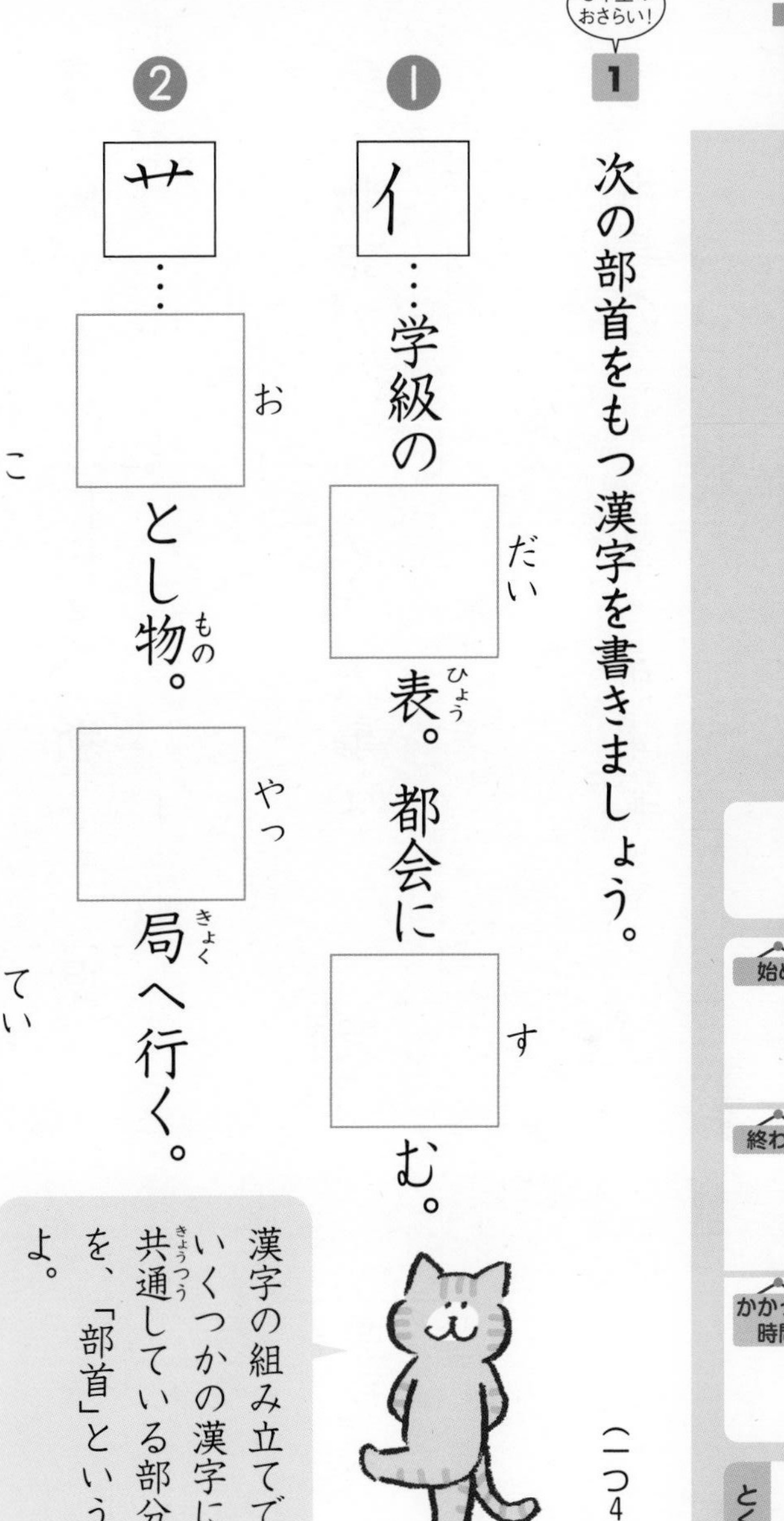

3年生のおさらい！

1 次の部首をもつ漢字を書きましょう。（一つ4点）

① 亻…学級の□(だい)表(ひょう)。都会に□(す)む。

② 艹…□(お)とし物(もの)。□(やっ)局(きょく)へ行く。

③ 广…車(しゃ)□(こ)に入れる。校(こう)□(てい)を走り回る。

漢字の組み立てで、いくつかの漢字に共通(きょうつう)している部分を、「部首」というよ。

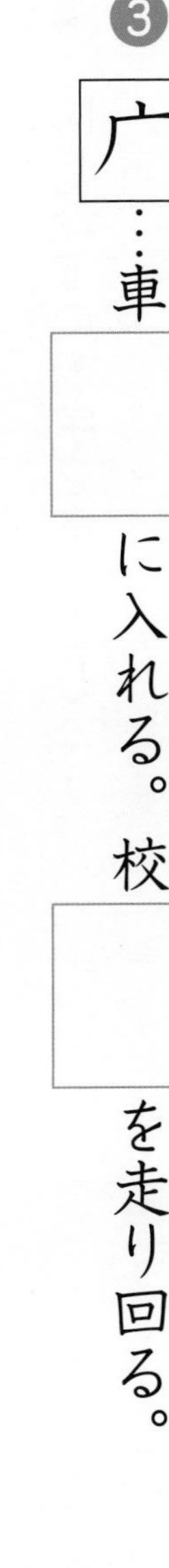

2 次の部首をもつ漢字を書きましょう。（一つ4点）

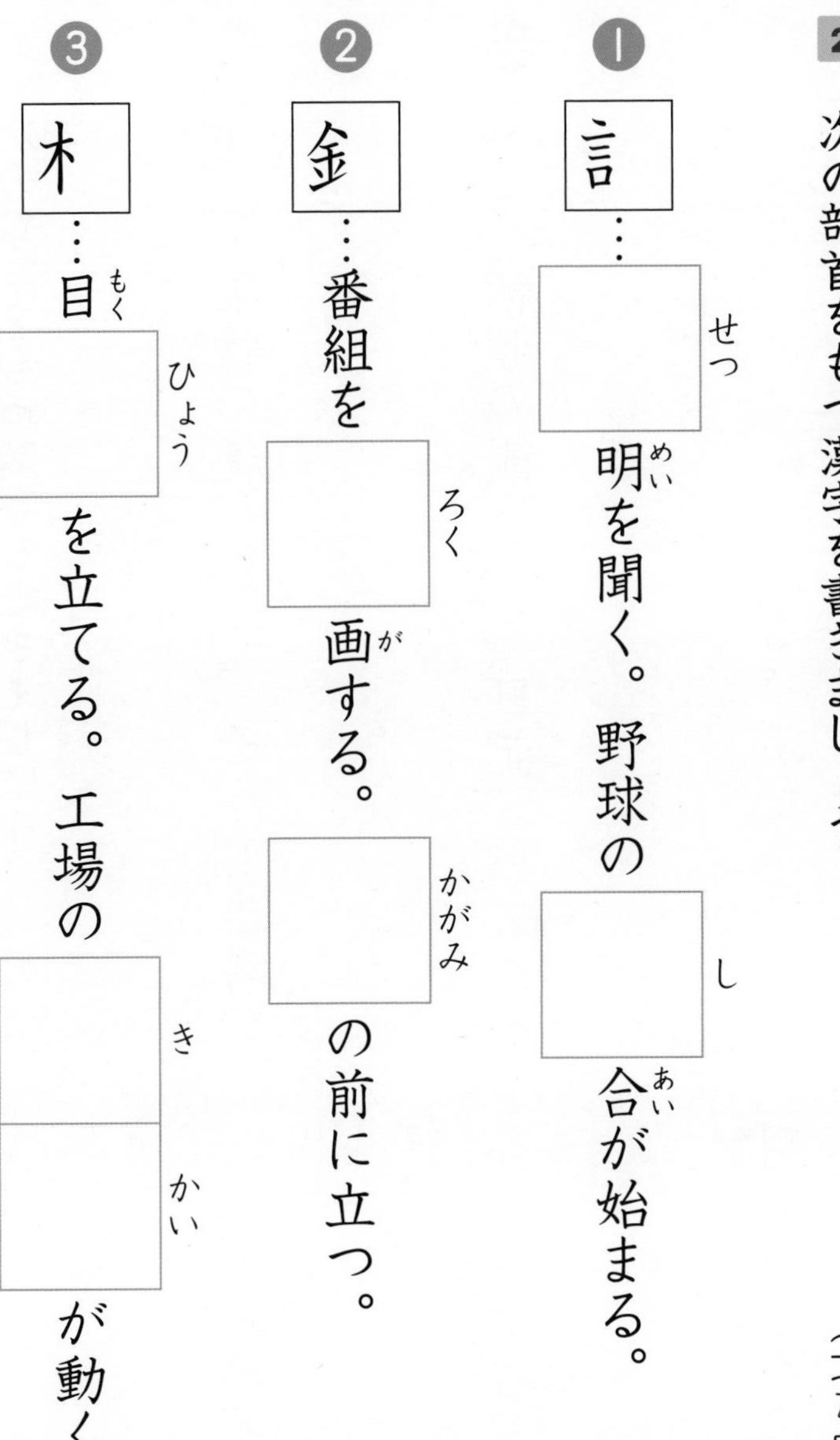

① 言…□(せつ)明(めい)を聞く。野球の□(し)合(あい)が始まる。

② 金…番組を□(ろく)画(が)する。□(かがみ)の前に立つ。

③ 木…目(もく)□(ひょう)を立てる。工場の□(き)□(かい)が動く。

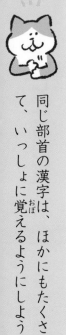

3 次の部首をもつ漢字を書きましょう。（一つ4点）

① 頁…果物（くだもの）の種（しゅ）□（るい）。そうじ当番の□（じゅん）を決める。

② 宀…朝顔の観（かん）□（さつ）日記。パズルが□（かん）成（せい）する。

③ 灬…□（ねつ）が下がる。ぶたいに□（しょう）明（めい）を当てる。

4 同じ部首の漢字を書きましょう。（一つ3点）

① 船が□（おき）に出る。新（にい）□（がた）県。

② 物語が□（つづ）く。大事な□（やく）束（そく）。□（けっ）果（か）発表。

③ 市長の□（せん）挙（きょ）。新聞配（はい）□（たつ）。□（れん）休（きゅう）の予定。

同じ部首の漢字は、ほかにもたくさんあるよ。漢字辞典（じてん）（漢和辞典（じてん））で調べて、いっしょに覚（おぼ）えるようにしよう！

15 漢字の組み立てと部首

3年生のおさらい！

1 次の漢字の部分を組み合わせた漢字を書きましょう。（一つ5点）

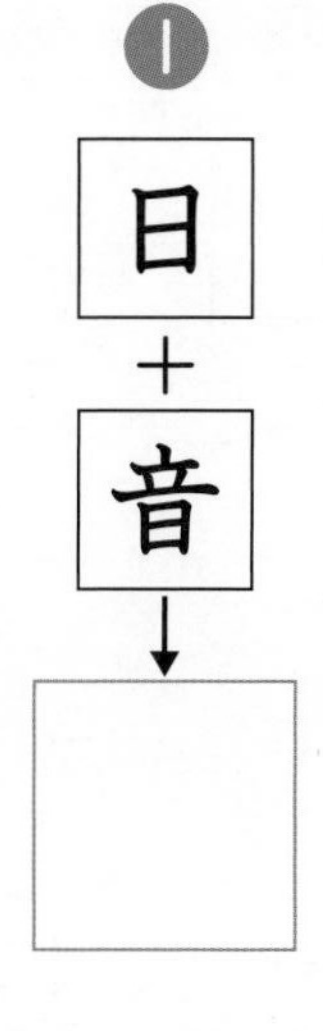

① 日＋音→□

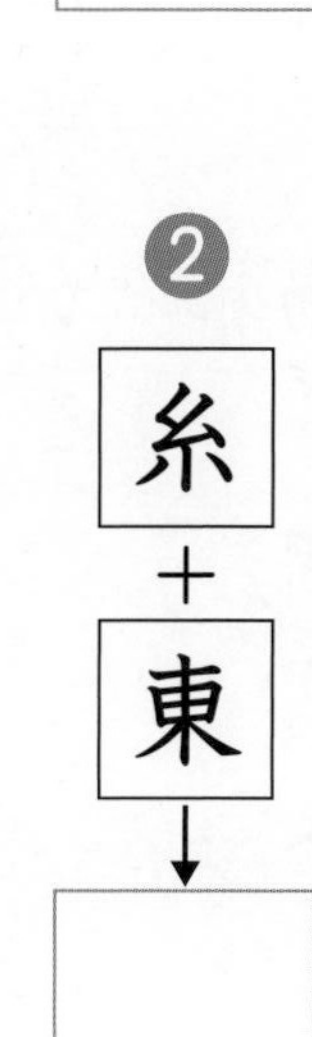

② 糸＋東→□

③ 自＋心→□

④ 日＋者→□

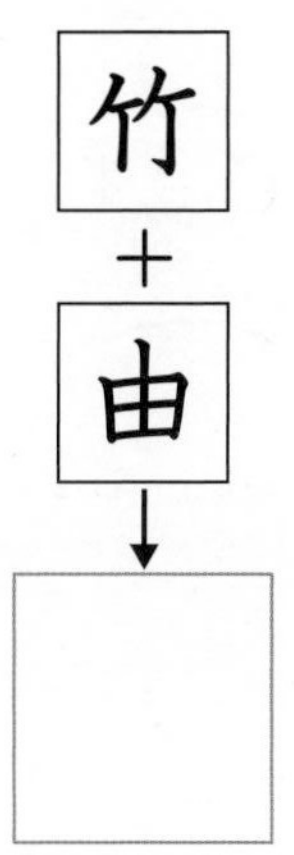

⑤ 竹＋由→□

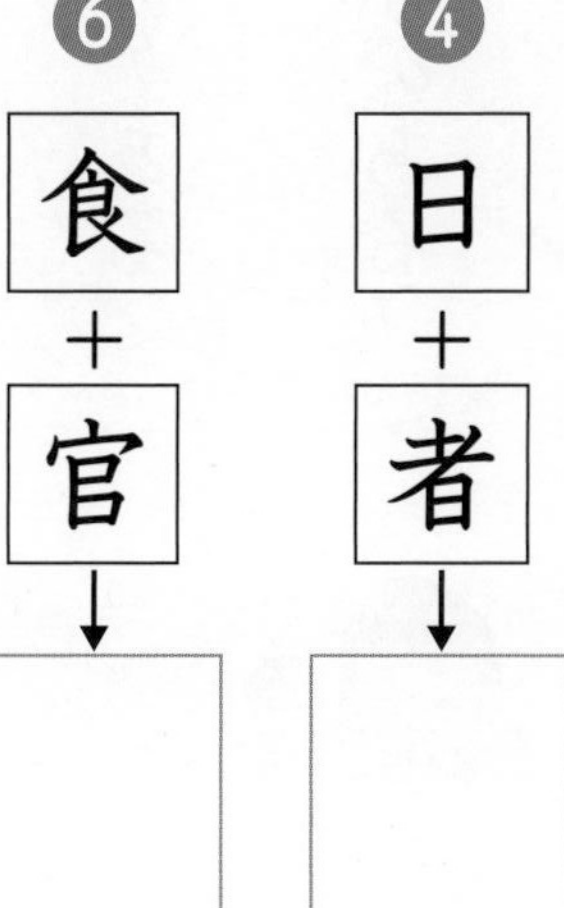

⑥ 食＋官→□

2 次の漢字の部分を組み合わせて、□に漢字を書きましょう。（一つ6点）

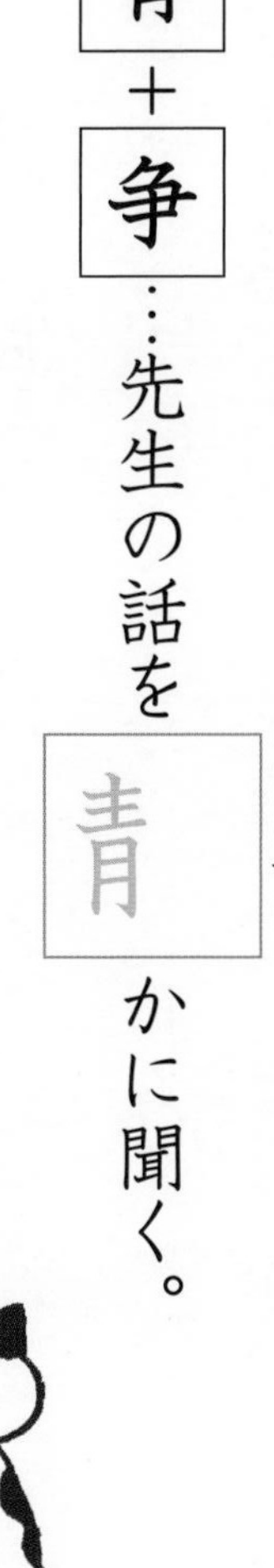

① 青＋争…先生の話を青（しず）かに聞く。

② 化＋貝…□（か）物（もっ）列車が通る。

③ 禾＋子…この□（き）節（せっ）は、食べ物がおいしい。

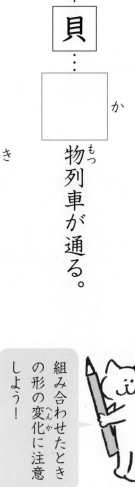

組み合わせたときの形の変化（へんか）に注意しよう！

3 次のことがらに関係がある、同じ部首の漢字を書きましょう。（一つ6点）

① 木に関係がある。

□（うめ）の花がさく。門に表□（さつ）をかける。

② 水に関係がある。

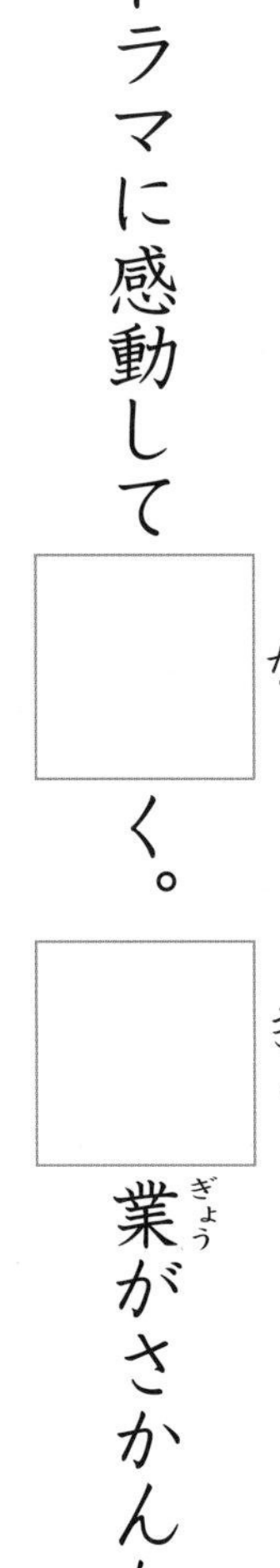

ドラマに感動して□（な）く。□（ぎょ）業がさかんな町。

4 次の部首をもつ漢字は、どんなことがらと関係がありますか。（　）に合う言葉を、[　]から選んで書きましょう。（一つ7点）

① 土…（　　　）に関係がある。

② 金…（　　　）に関係がある。

③ 飠…（　　　）に関係がある。

④ 扌…（　　　）や手の働きに関係がある。

[人・土・手・金ぞく・衣類・食べ物]

3 4 部首には、それぞれ意味があるよ。部首の意味がわかっていると、漢字が覚えやすくなるね。

16 漢字の成り立ち

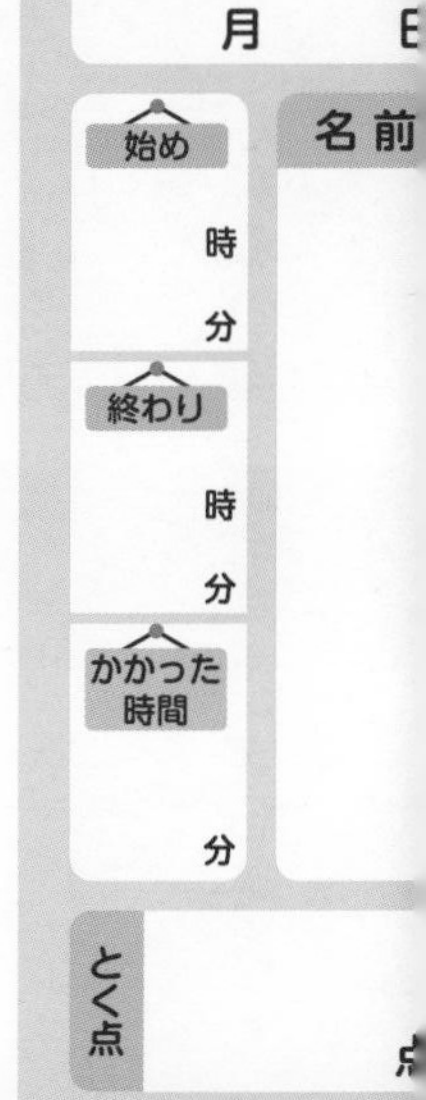

月 日
始め 時 分
終わり 時 分
かかった時間 分
名前
とく点 点

1 次の成り立ちに合う漢字を、［ ］から選んで書きましょう。（一つ4点）

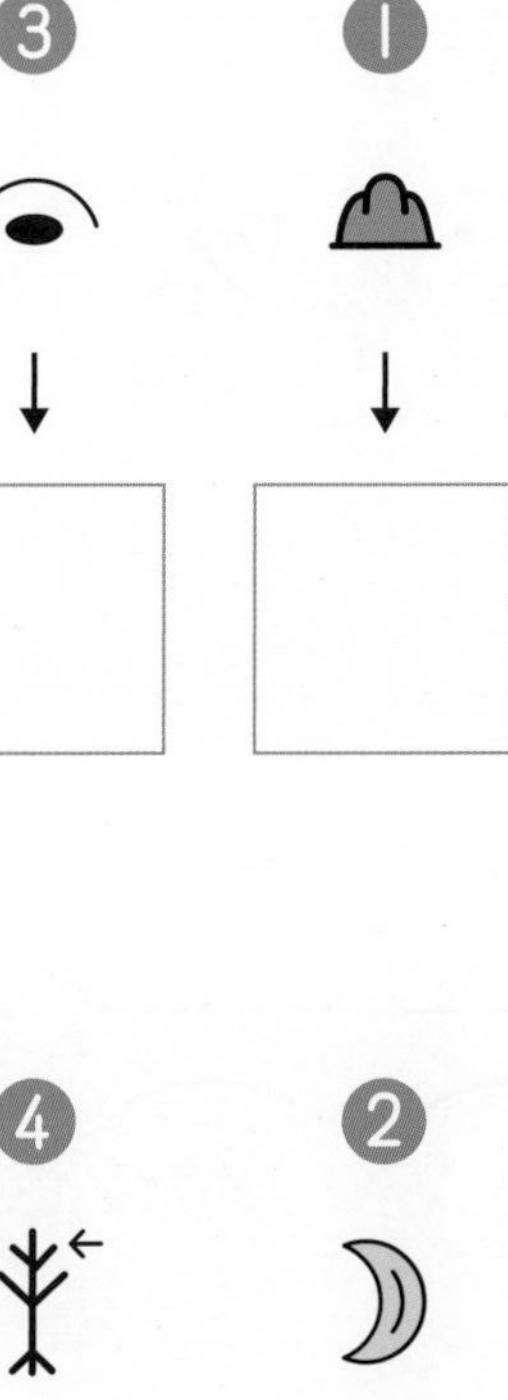

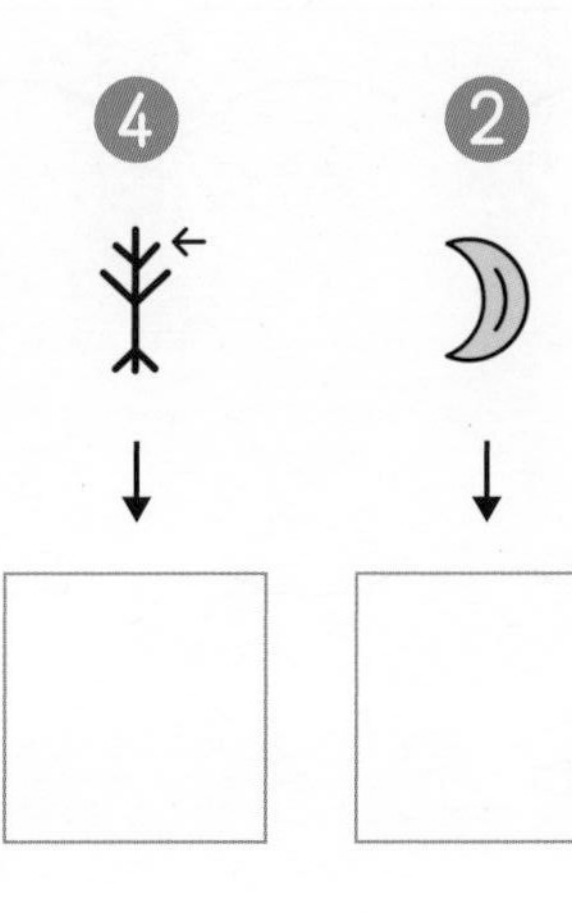

① → □　② → □
③ → □　④ → □

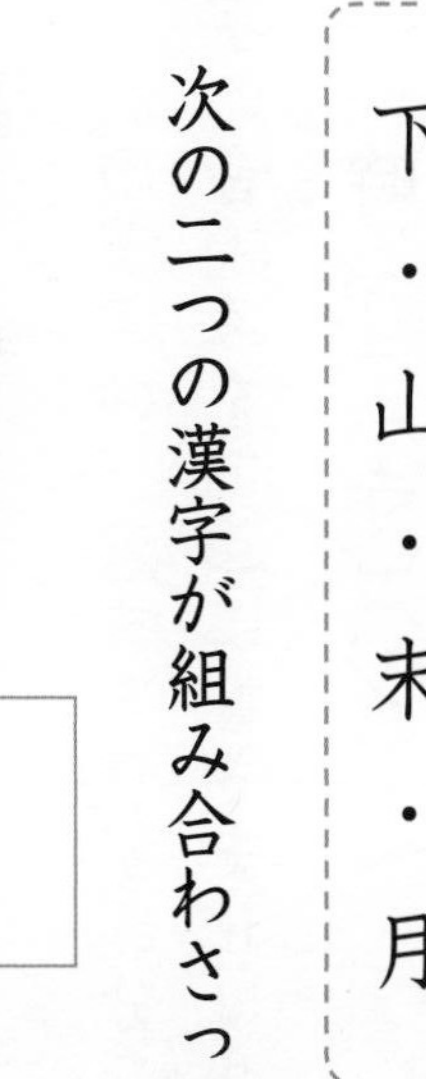

下・山・末・月

2 次の二つの漢字が組み合わさってできた漢字を、□に書きましょう。（一つ4点）

① 日＋月 → □
② 木＋目 → □
③ 山＋石 → □
④ 止＋少 → □

3 次の漢字の意味を表す部分を□に、音を表す部分を（　）に書きましょう。（一つ3点）

① 球 → □（　）
② 帳 → □（　）
③ 清 → □（　）
④ 課 → □（　）

4 次の成り立ちに合う漢字を、[ ]から選んで書きましょう。（一つ4点）

❶ 目に見えるものの形からできた漢字。……（　）・（　）

❷ 目に見えないことがらを、印などで表した漢字。……（　）・（　）

❸ 二つ以上の漢字の意味を組み合わせて、別の意味を表した漢字。……（　）・（　）

❹ 意味を表す部分と音を表す部分を組み合わせた漢字。……（　）・（　）

[絵・馬・本・鳴・羽・持・上・林]

5 次の漢字の、意味を表す部分を□に、音を表す部分を〔　〕に、漢字の音読みを（　）に書きましょう。（全部できて一つ4点）

〈例〉時　日　〔寺〕（ジ）

❶ 洋　□　〔　〕（　）

❷ 味　□　〔　〕（　）

❸ 管　□　〔　〕（　）

4 ❹のようにしてできた漢字はたくさんあるので、漢字辞典（漢和辞典）などで調べてみよう！

漢字辞典(じてん)の使い方

1 次のようなとき、漢字辞典(じてん)(漢和辞典(じてん))のどのさくいんを使って調べますか。□から選(えら)んで、記号を書きましょう。（一つ3点）

❶ 部首も総画数(そうかくすう)もわからず、読み方がわかるとき。（　　）

❷ 総画数(そうかくすう)も読み方もわからず、部首がわかるとき。（　　）

❸ 漢字の部首も読み方もわからず、総画数(そうかくすう)がわかるとき。（　　）

❹ 「付」の部首「亻(にんべん)」を知っているとき。（　　）

❺ 「付」の音読み「フ」を知っているとき。（　　）

❻ 「付」の部首も読み方もわからないが、総画数(そうかくすう)を知っているとき。（　　）

ア　部首さくいん　イ　音訓(おんくん)さくいん　ウ　総画(そうかく)さくいん

2 次の漢字の部首を□に、部首の画数を（　）に書きましょう。（一つ2点）

	漢字	▼部首	▼部首の画数
❶	軽	□	（　　）画
❷	部	□	（　　）画
❸	府	□	（　　）画
❹	連	□	（　　）画

3 次の漢字の部首を□に、部首以外の画数を（　）に書きましょう。（一つ3点）

①笑　◀部首 □　◀部首以外の画数（　）画

②無　◀部首 □　◀部首以外の画数（　）画

③栃　□（　）画

④関　□（　）画

4 次の漢字の総画数を書きましょう。（一つ4点）

①以（　）画

②倉（　）画

③要（　）画

④器（　）画

⑤阜（　）画

⑥競（　）画

5 漢字辞典（漢和辞典）に出ている（画数の少ない）順に、番号をつけましょう。（全部できて一つ6点）

①（1）仲（　）倍（　）使

②（　）息（　）念（　）意（　）悲

③（　）害（　）完（　）察（　）官

漢字辞典（漢和辞典）には、漢字の画数や部首、音と訓の読み方、成り立ち、意味や使い方などが出ているよ。実際に調べてみよう！

18

仕上げドリル③

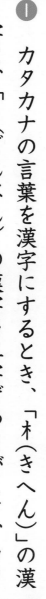

1 □の文章を読んで、後の問題に答えましょう。

四年生になって、学級で決めたモクヒョウは、「一日一回、手を挙げてハッピョウすること」でした。

ぼくは、コクゴではセッキョクテキに手を挙げ、算数でも黒板にケイサンの仕方を書くことができました。

① カタカナの言葉を漢字にするとき、「木(きへん)」の漢字と、「言(ごんべん)」の漢字を二字ずつさがして、カタカナの右側(みぎがわ)に漢字で書きましょう。（一つ10点）

② 「挙」の読み方を知っているとき、漢字辞典(じてん)のどのさくいんを使って調べますか。（10点）

（　さくいん　）

2 □の文章を読んで、後の問題に答えましょう。

夏休みの間、わたしはショクブツのカンサツニッキをつけました。サイショのころはアツくて天気もよく、花はタイヨウにムいていました。九月になると、冷たい雨もふり、ゲンキがなくなりました。しかし、アキには、たくさんのタネがとれました。

1 カタカナの言葉を漢字にするとき、次の部首の漢字をすべてさがして、漢字を書きましょう。（一つ10点）

① 「宀（うかんむり）」の漢字。（　　）

② 「禾（のぎへん）」の漢字。（　　）

③ 「阝（こざとへん）」の漢字。（　　）

2 「冷」の部首も読み方もわからないとき、漢字辞典のどのさくいんを使って調べますか。（10点）

（　　さくいん）

漢字辞典（漢和辞典）は部首ごとに漢字が出ているよ。漢字を調べたときは、同じ部首にはどんな漢字があるか、たしかめてみるといいよ！

19 形のにた漢字

月　日　名前

始め　時　分
終わり　時　分
かかった時間　分

とく点　点

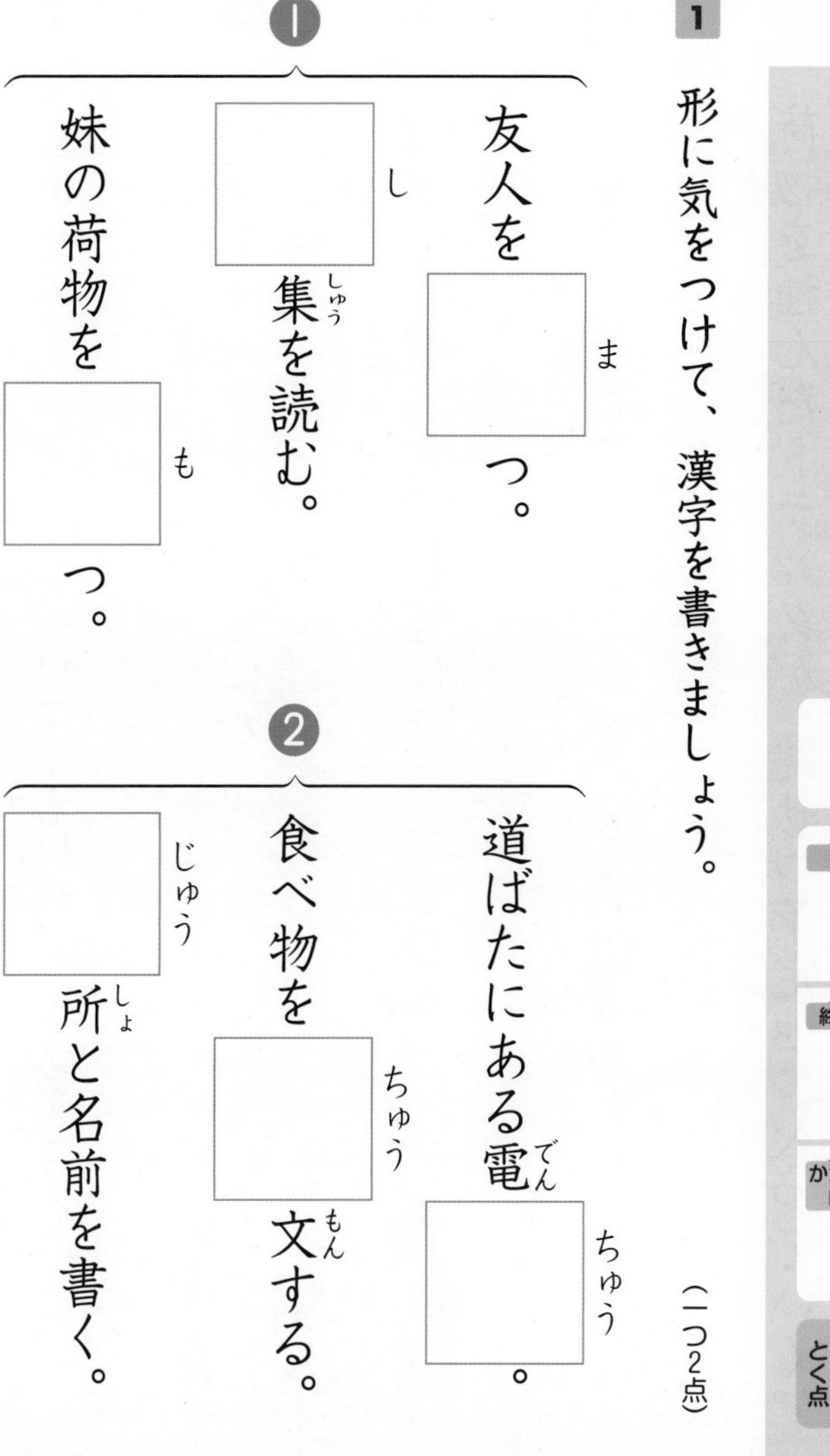

3年生のおさらい!

1 形に気をつけて、漢字を書きましょう。（一つ2点）

①
- 友人を□（ま）つ。
- □（し）集（しゅう）を読む。
- 妹の荷物を□（も）つ。

②
- 道ばたにある電（でん）□（ちゅう）。
- 食べ物を□（ちゅう）文（もん）する。
- □（じゅう）所（しょ）と名前を書く。

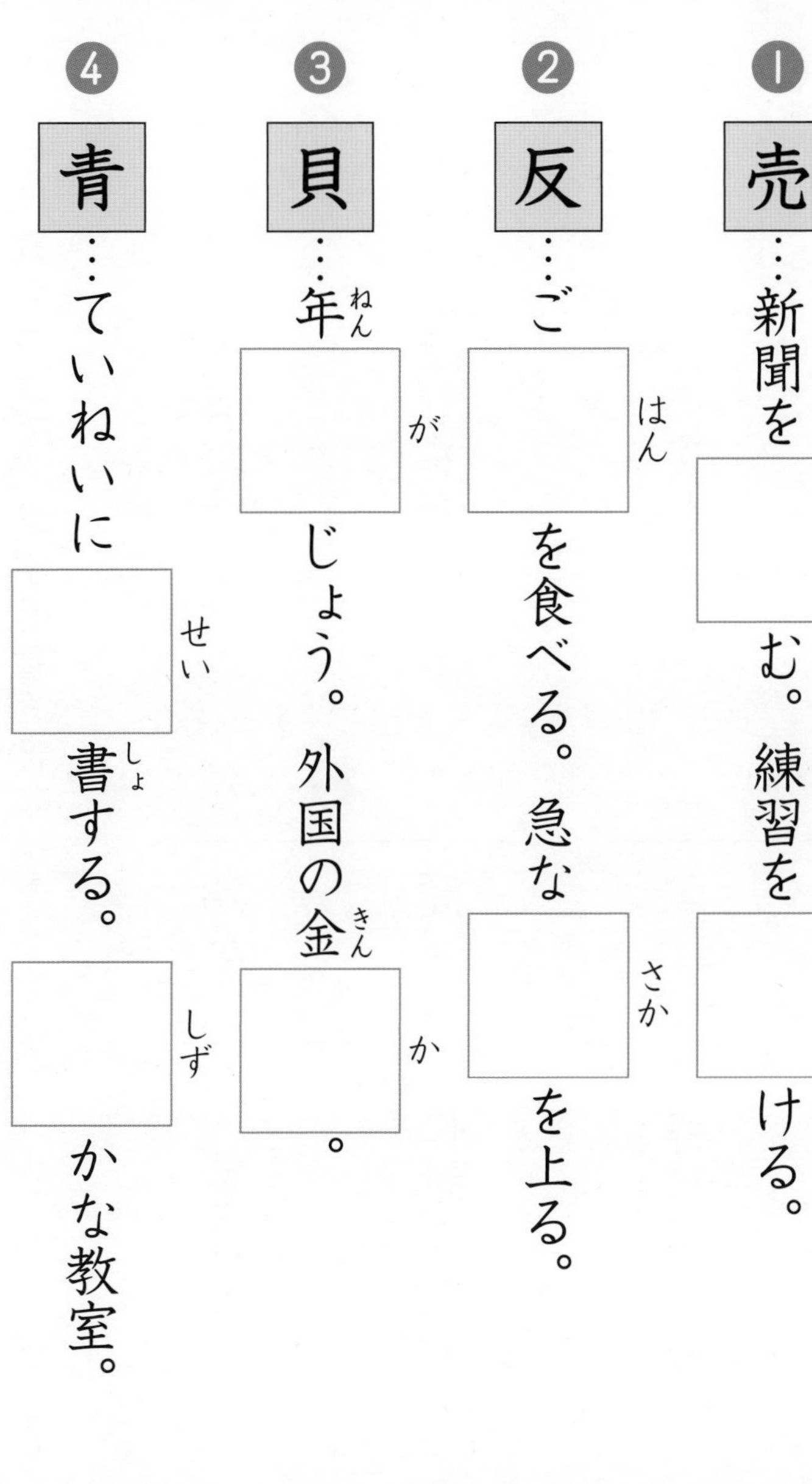

2 □の部分をもつ漢字を、□に書きましょう。（一つ3点）

① 売…新聞を□（よ）む。練習を□（つづ）ける。

② 反…ご□（はん）を食べる。急な□（さか）を上る。

③ 貝…年（ねん）□（が）じょう。外国の金（きん）□（か）。

④ 青…ていねいに□（せい）書（しょ）する。□（しず）かな教室。

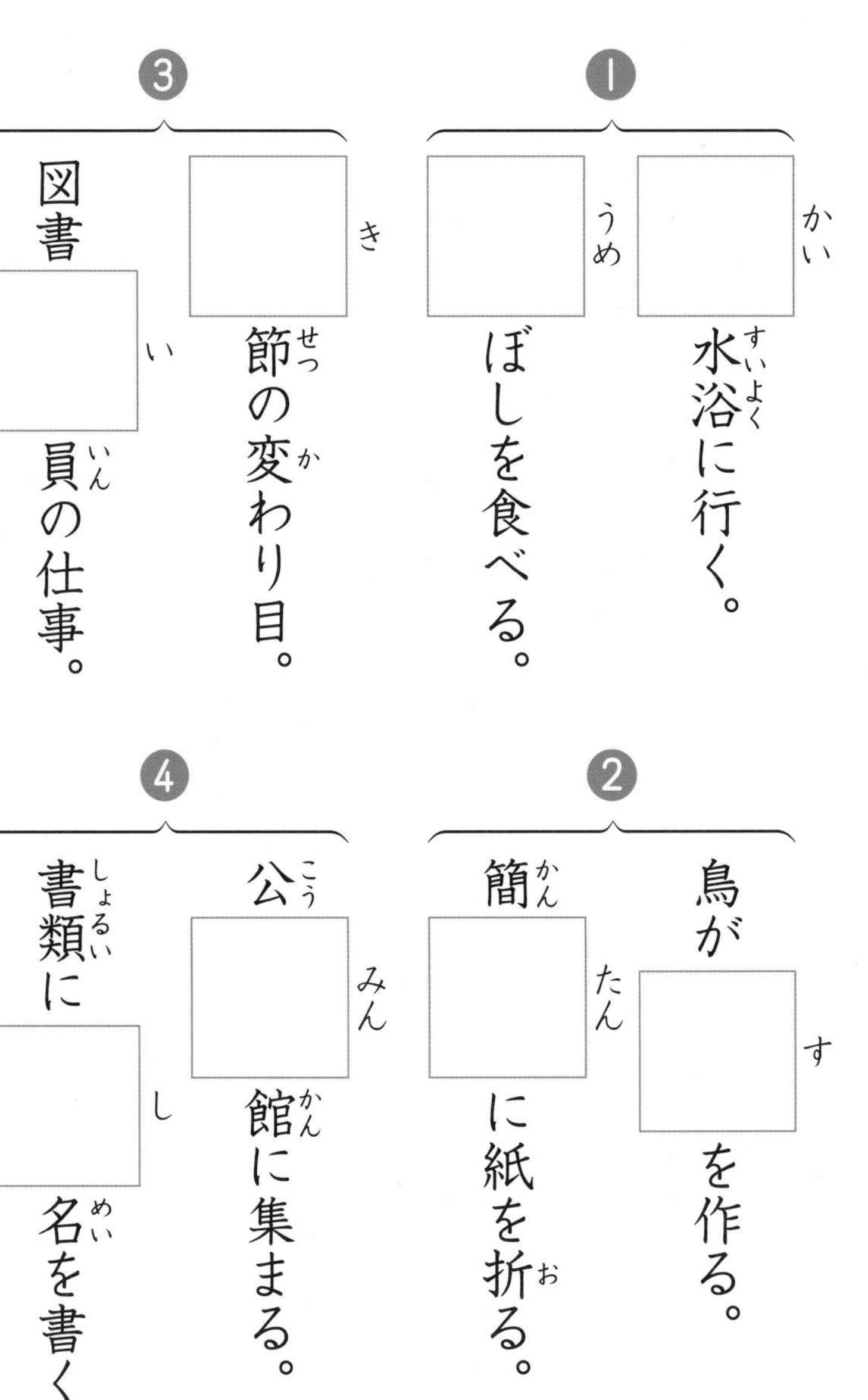

3 形に気をつけて、漢字を書きましょう。（一つ4点）

①
- □（かい）水浴に行く。
- □（うめ）ぼしを食べる。

②
- 鳥が□（す）を作る。
- 簡□（たん）に紙を折る。

③
- □（き）節の変わり目。
- 図書□（い）員の仕事。

④
- 公□（みん）館に集まる。
- 書類に□（し）名を書く。

4 漢字のまちがいに――を引いて、右側に正しく書きましょう。（一つ4点）

① 千意を十倍すると一北になる。　億

② 週末は、母と料理教室に行くつもりだ。

③ 実験に失敗してしまったが、今席は成功したい。

④ 荷物を種んだトラックが、健せつ予定地に入っていく。

形のにている漢字は書きまちがえやすいので、読み方や使い方のちがいをしっかり覚えよう！

20 同じ読み方の漢字①

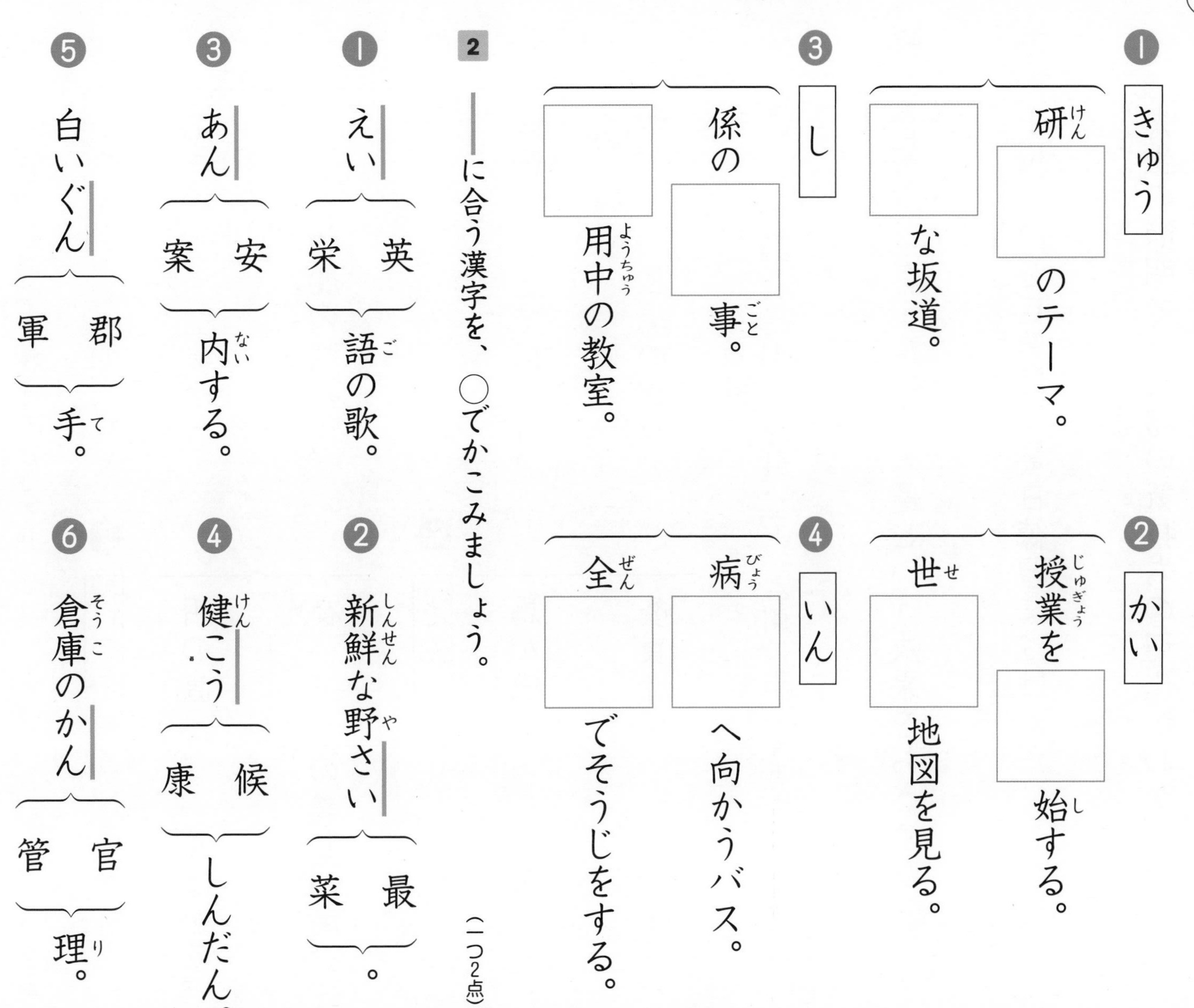

3年生のおさらい!

1 □と読む漢字を書きましょう。（一つ3点）

① きゅう
研(けん)□のテーマ。
□な坂道。

② かい
授業(じゅぎょう)を□始(し)する。
世(せ)□地図を見る。

③ し
係の□事(ごと)。
□用中(ようちゅう)の教室。

④ いん
病(びょう)□へ向かうバス。
全(ぜん)□でそうじをする。

2 ―に合う漢字を、○でかこみましょう。（一つ2点）

① えい｛英・栄｝語(ご)の歌。

② 新鮮(しんせん)な野(や)さい｛最・菜｝。

③ あん｛安・案｝内(ない)する。

④ 健(けん)こう｛候・康｝しんだん。

⑤ 白いぐん｛郡・軍｝手(て)。

⑥ 倉庫(そうこ)のかん｛官・管｝理(り)。

3 □と読む漢字を書きましょう。（一つ4点）

① か
あまい□実。
□物船の積み荷。

② けい
円の直□をはかる。
夜□の美しい街。

③ さつ
千円□ではらう。
印□工場の建物。

④ さん
馬が出□する。
委員会に□加する。

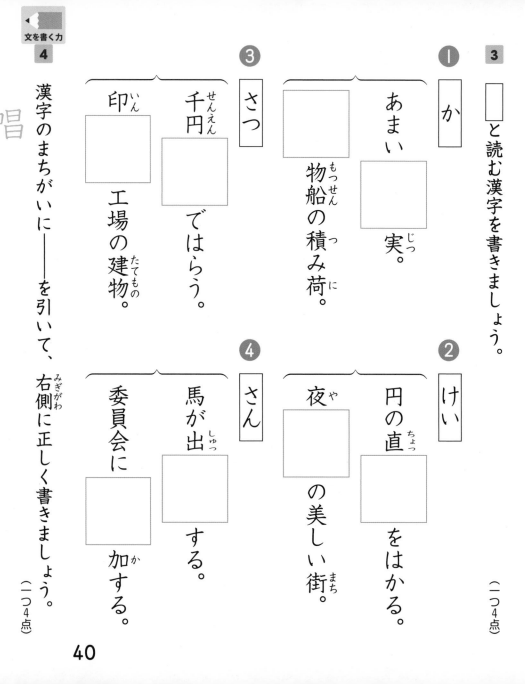

文を書く力

4 漢字のまちがいに――を引いて、右側に正しく書きましょう。（一つ4点）

① 合笑コンクールで、入選という決果をおさめた。（唱）

② 十位井内を目票に、毎日練習にはげんだ。

③ 先生の節明で、人物の気持ちの辺化がわかった。

④ 海低に生息している生き物に感心がある。

同じ音読みの漢字は、熟語などの使い方をくらべて、それぞれの漢字の意味のちがいを覚えよう！

21 同じ読み方の漢字②

月　日
名前
始め　時　分
終わり　時　分
かかった時間　分
とく点　点

3年生のおさらい！

1 
□と読む漢字を書きましょう。（一つ3点）

① あ(ける)
- 夜が□ける。
- まどを□ける。

② はや(い)
- ねる時間が□い。
- 兄は足が□い。

③ かえ(る)
- 四時に家に□る。
- 後ろをふり□る。

④ のぼ(る)
- さけが川を□る。
- 父と山に□る。

2 ―に合う漢字を、○でかこみましょう。（一つ2点）

① 家のまわ｜{回・周}り。

② 家をた｜{立・建}てる。

③ 文章のはじ｜{始・初}め。

④ 妹がな｜{泣・鳴}く。

⑤ 顔色がか｜{代・変}わる。

⑥ 式をあ｜{上・挙}げる。

3 □と読む漢字を書きましょう。（一つ4点）

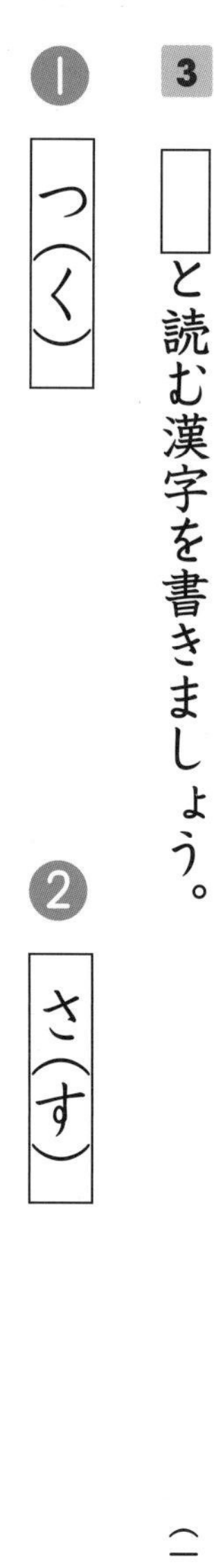

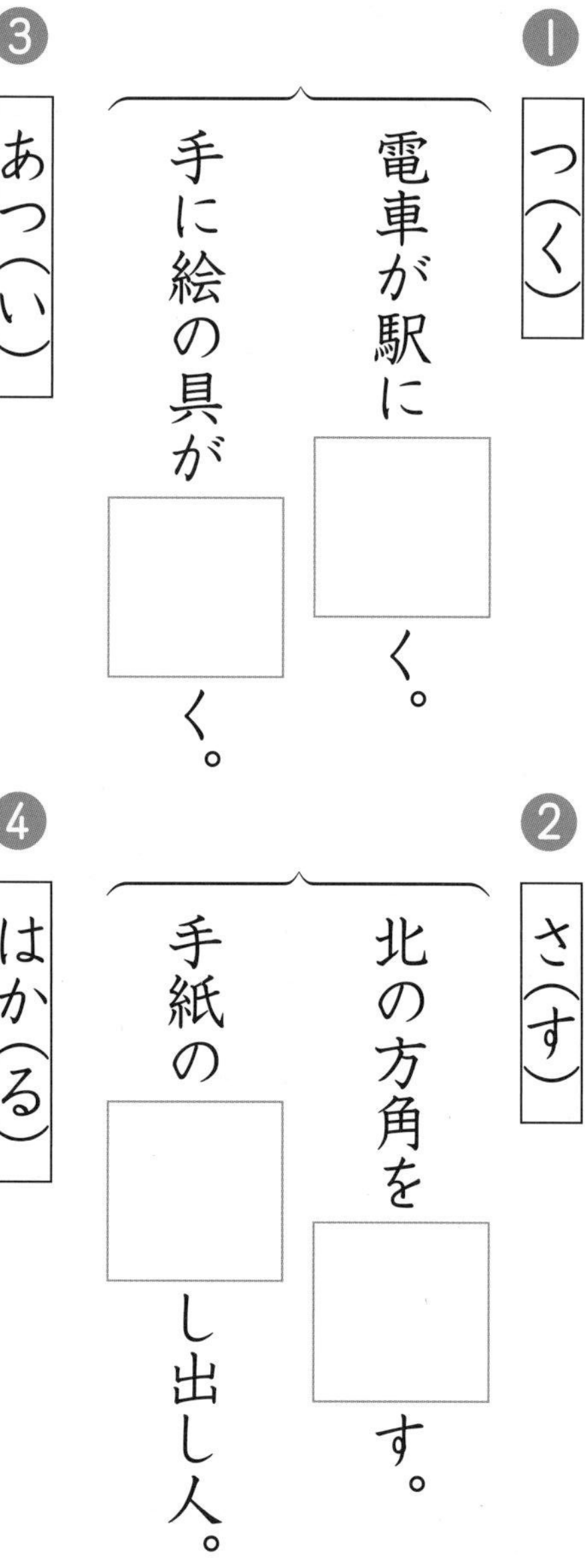

① つ（く）
電車が駅に□く。
手に絵の具が□く。

② さ（す）
北の方角を□す。
手紙の□し出し人。

③ あつ（い）
□い夏の日。
□いお湯。

④ はか（る）
タイムを□る。
体重を□る。

文を書く力

4 漢字のまちがいに――を引いて、右側に正しく書きましょう。（一つ4点）

① 家におそく返ったとき、父がげんかんで建っていた。（帰）

② けがを直したら、また町内を走り周りたい。

③ 朝、すずめの泣く声で目が冷めた。

④ 母の変わりに、始めて料理を作った。

同じ読み方の漢字は書きまちがえやすいので、**3**①「家に着く。」「よごれが付く。」のように、使い方といっしょに意味のちがいを覚えよう。

22 漢字を組み合わせた言葉①

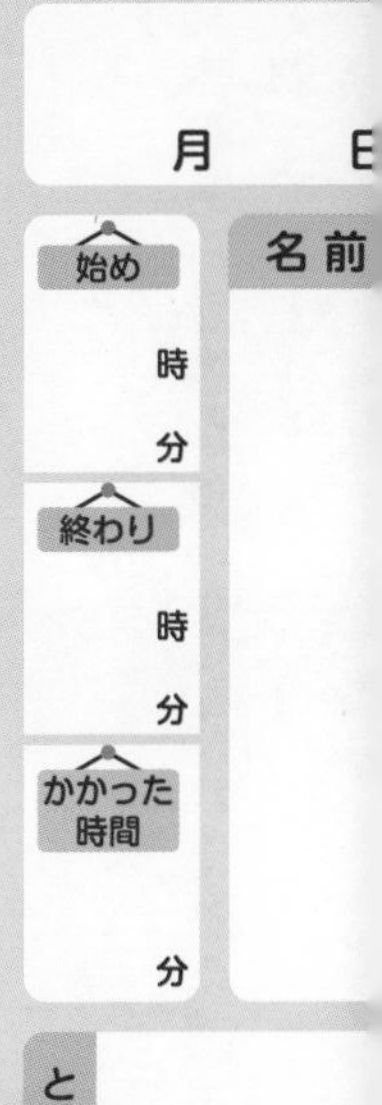

3年生のおさらい！

1 次の――の漢字の意味に合うほうに、○をつけましょう。（一つ5点）

① クラブ活動より勉強に重点をおく。
- （　）大切にする。
- （　）量（りょう）が多い。大きい。

② 夏休みの計画を実行する。
- （　）実がなる。実を結（むす）ぶ。
- （　）本当の。じっさいの。

漢字を組み合わせた言葉を「熟語（じゅくご）」というよ。

2 次の漢字に［　］の漢字を組み合わせて言葉を作ります。［　］から漢字を選（えら）んで、□に書きましょう。（一つ5点）

① 発□□　発□　□発

② □板　□板　□板

③ 新□□　新□□

［明・黒・車・鉄・学期・食事
画・山・道・活・直線・記録（きろく）］

3 □から漢字を選んで、次の意味に合う漢字の言葉を作りましょう。（一つ6点）

① もっているすべての力。……………… □力

② 本当にもっている力。うでまえ。…… □力

③ ものごとをやりぬこうとする強い心。…… □力

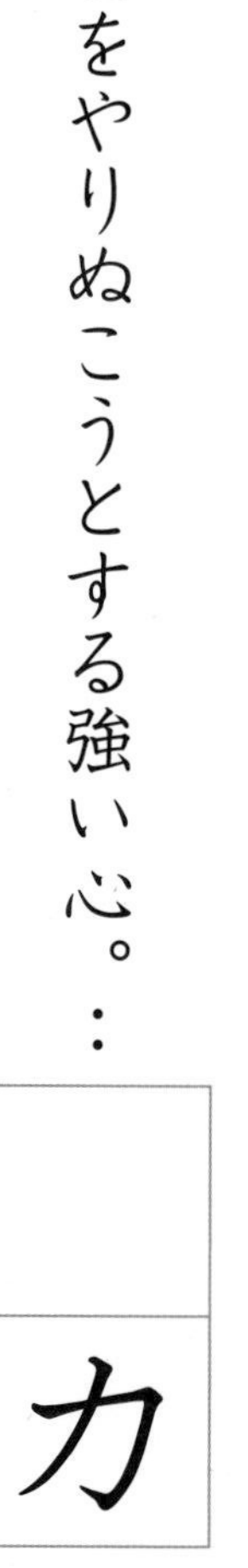

電・全・気・風・実

4 次の言葉の意味を、漢字の訓読みを使って書きましょう。（一つ8点）

〈例〉 日光（日の光）　歩道（歩く道）

① 木刀（　　　）

② 休日（　　　）

③ 強力（　　　）

④ 新雪（　　　）

音読みの言葉でも、訓を知っていると、言葉の意味がわかりやすくなるね。

一つの漢字には、いくつかの意味があることが多いよ。それぞれの漢字が、どんな意味で使われているかを調べてみよう！

23

漢字を組み合わせた言葉②

月　日

始め　時　分

終わり　時　分

かかった時間　分

名前

とく点　点

1 □から漢字を選んで、次の組み合わせに合う言葉を作りましょう。（一つ4点）

① 反対の意味になる漢字を組み合わせた言葉。

長□　売□　明□

② にた意味をもつ漢字を組み合わせた言葉。

寒□　変□　回□

冷・買・転・短・暗・化

2 上の漢字が下の漢字をくわしくしている言葉を作って□に書き、（　）に読みがなを書きましょう。（一つ4点）

〈例〉 新しい＋年→新年（しんねん）

① 美しい＋人→□□（　）

② 黒い＋板→□□（　）

3 「不・未・無」から□に合う漢字を書いて、下の漢字の意味を打ち消す言葉を作りましょう。（一つ5点）

□幸	□害	□開	□運

「不」「未」「無」が上につく言葉は、「〜がない」、「〜でない」という意味になるよ。

4 ［　］の言葉を、次の1〜4に分けて書きましょう。（一つ5点）

1. 反対の意味になる漢字を組み合わせた言葉。
   例 内＋外→（内外）
   （　　）（　　）（　　）
2. にた意味をもつ漢字を組み合わせた言葉。
   例 身＋体→（身体）
   （　　）（　　）（　　）
3. 上の漢字が下の漢字をくわしくしている言葉。
   例 早い＋朝→（早朝）
   （　　）（　　）（　　）
4. 上に意味を打ち消す働きをもつ漢字を組み合わせた言葉。
   例 不＋正→（不正）
   （　　）（　　）（　　）

［道路・勝敗・多数・未知・学習・海底・高低・無料］

漢字二字でできた言葉の、漢字の組み合わせ方がわかると、言葉の意味もわかりやすくなるよ。

24 仕上げドリル④

月 日

名前

始め 時 分

終わり 時 分

かかった時間 分

とく点 点

1 □の文章を読んで、後の問題に答えましょう。

この前の休日に、松たけご飯を食べました。今年始めてでしたが、とてもおいしくて完動しました。秋は食べ物がおいしい委説なので、これから楽しみです。

文を書く力

(1) 漢字のまちがいが五字あります。——を引いて、右側に正しく書きましょう。（一つ6点）

(2) 休日と同じ組み合わせの言葉を、（　）から二つ選んで、○でかこみましょう。（一つ5点）

（歩道・不幸・勝敗・白線・道路）

2 □の文章を読んで、後の問題に答えましょう。

先周の金曜日、ぼくはかぜで学校を決度しました。前日は熱かったので、うす着で遊びました。夜になって希温が①変化して、体が令えてしまったようです。じゅ業のことが②不安でしたが、友人が③黒板の内ようを紙に書いてきてくれました。

文を書く力

❶ 漢字のまちがいが六字あります。――を引いて、右側に正しく書きましょう。（一つ5点）

❷ 次のような組み合わせの言葉を、□から選んで書きましょう。（一つ5点）

① 変化：（　　）（　　）

② 不安：（　　）（　　）

③ 黒板：（　　）（　　）

労働・未定
無色・流星
海底・寒冷

2 ❷ ①は、にた意味をもつ漢字の組み合わせ、②は、上に意味を打ち消す漢字（不・未・無・非など）がくる組み合わせ、③は、上の漢字が下の漢字をくわしくしている組み合わせだよ。

3年生のおさらい!

1 次の言葉を，ローマ字で書きましょう。 (1つ6点)

❶ さくら

❷ あひる

❸ いちご

❹ はなび

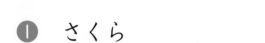

2 次のローマ字の言葉の読み方を，ひらがなで書きましょう。 (1つ4点)

❶ hûsen （　　　　）　❷ den'en （　　　　）

❸ teppan （　　　　）　❹ omotya （　　　　）

❺ chûsha （　　　　）　❻ Tôkyô （　　　　）

25

ローマ字

月　日

始め　時　分

終わり　時　分

かかった時間　分

名前

とく点　点

ローマ字は、街中(まちなか)の案内板(あんないばん)や看板(かんばん)などに使われていることがあるよ。ローマ字の書き表し方を覚(おぼ)えておこう。

3 次の言葉のローマ字の書き表し方が正しいほうに，○をつけましょう。 (1つ6点)

❶ マッチ ( )matii ( )matti

❷ がっこう(学校) ( )gakkô ( )gatukou

❸ ほんや(本屋) ( )honnya ( )hon'ya

❹ にんぎょう(人形) ( )ningyô ( )nin'gyo

4 次の言葉を，ローマ字で書きましょう。 (1つ7点)

❶ きって(切手)

❷ ぎゅうにゅう(牛乳)

❸ パンや(パン屋)

❹ ほっかいどう(北海道)

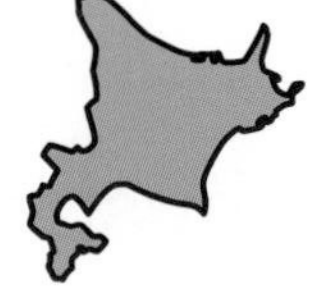

26 送りがな

3年生のおさらい!

1 ――の言葉の送りがなを書きましょう。 (一つ4点)

① 鉛筆(えんぴつ)がみじかくなる。 短(　　)

② 服そうをととのえる。 整(　　)

③ しあわせな気分になる。 幸(　　)

④ うつくしい景色(けしき)が見える。 美(　　)

漢字のあとに続(つづ)けて、読み方をはっきりさせるかなを、「送りがな」というよ。

2 □の言葉を、文に合う形で(　)に書きましょう。 (一つ4点)

① 残(のこ)る
作業が(　　)ば、明日(あす)も行う。
サラダが少し(　　)た。

② 結(むす)ぶ
点と点を線で(　　)う。
古いざっしを、ひもで(　　)だ。

③ 浅(あさ)い
日照(ひで)りが続(つづ)いて、川が(　　)なった。
プールが(　　)ば、弟も泳げる。

月　日

始め　時　分

終わり　時　分

かかった時間　分

名前

とく点　点

3 ——の言葉を、漢字と送りがなで書きましょう。（一つ7点）

1. ドアのかぎは、かならずしめよう。（　　）
2. 国王が広い領土（りょうど）をおさめる。（　　）
3. いさましい歌声が聞こえる。（　　）
4. 母は、水族館ではたらく。（　　）

文を書く力

4 ——の言葉は、送りがながまちがっています。——の右側（みぎがわ）に漢字とひらがなで正しく書きましょう。（一つ8点）

〈例（れい）〉水がちょろちょろ流る（ながれる）。　流れる

1. 小さい子どもが連って（つらなって）歩いている。
2. クラスで最とも（もっとも）足が速いのは、山下（やました）君です。
3. 問題に答えるとき、改ためて（あらためて）文章を読み返す。
4. 成功（せいこう）するまで、何度でも実験（じっけん）を試る（こころみる）。

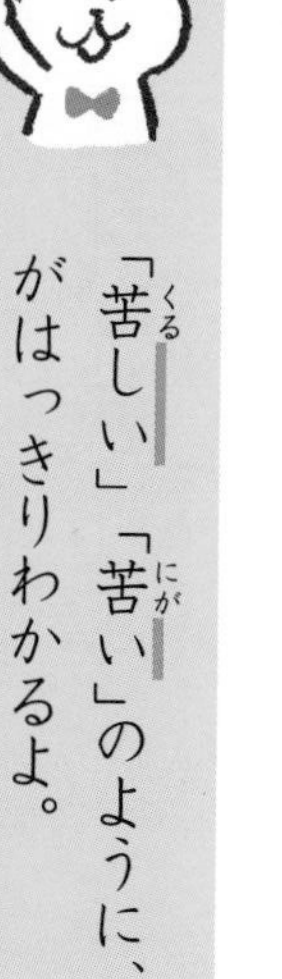

「苦（くる）しい」「苦（にが）い」のように、——の送りがなに注目すると、漢字の読み方がはっきりわかるよ。

くもん出版

符号（ふごう）の使い方①

3年生のおさらい!

1 次の文や文章に、句点（くてん）（。）と読点（、）を一つずつ書きましょう。

（両方できて一つ5点）

① 大きな　魚が　急に　向きを　変（か）えて　泳いだ

② 買い物に　行ったが　店は　定休日だった

③ 雨が　ふったので　遠足は　中止に　なった

④ げんかんから、弟の　声が　聞こえた
行って　みると　弟の　かばんが　あった。

文を書く力

2 〈　〉の意味になるように、読点（、）を一つずつ書きましょう。

（一つ10点）

① 〈母と姉が話をする〉
母が　姉と　弟の　話を　する。

② 〈急いでよんだ〉
ぼくは　急いで　帰る　友人を　よんだ。

③ 〈すばやく追いかけた〉
弟は　すばやく　走る　犬を　追いかけた。

月　日

名前

始め　時　分

終わり　時　分

かかった時間　分

とく点　点

3 中点（・）やダッシュ（——）の使い方が正しいほうに、○をつけましょう。（一つ10点）

① （　）花だんには・すみれすいせん、チューリップの花が・さいていた。
（　）花だんには、すみれ・すいせん・チューリップの花がさいていた。

② （　）ぼくのゆめ——サッカー選手になる——のために、毎日、練習を続けている。
（　）——ぼくのゆめ——サッカー選手になるのために、毎日、練習を続けている。

文を書く力

4 意味の切れめに注意して、次の文や文章に、読点（、）を一つずつ書きましょう。（一つ10点）

① 夜　父と　ゲームを　して　遊んだ。

② あわてて　体育館へ　行くと　みんなは　整列して　いた。

③ 大きな声で　友人の　名前を　よんだ。　でも　友人は　気づかないで　行って　しまった。

2では、読点（、）のつける位置をまちがえると、別の意味になってしまうよ。読点のところで少し間をとって、声に出して読んでみよう！

符号の使い方②

月　日　名前

始め　時　分
終わり　時　分
かかった時間　分
とく点　点

3年生のおさらい!

1 次の文に、かぎ(「　」)をひと組ずつ書きましょう。(一つ7点)

① 　わたしは、となりのおばさんに、
　おはようございます。
と、声をかけた。

② 　電車で席をゆずると、おばあさんは、
　どうも、ありがとう。
と言って、うれしそうに笑った。

2 次の符号の働きを、下から選んで記号を書きましょう。(一つ8点)

① 句点(。)……(　　)

② 読点(、)……(　　)

③ かぎ(「」)……(　　)

④ 中点(・)……(　　)

⑤ ダッシュ(──)(　　)

ア　言葉をならべるときに使う。

イ　文の終わりにつける。

ウ　文の中の意味の切れめにつける。

エ　会話文、書名、引用、思ったことを表すときに使う。

オ　説明をおぎなったり、文末をとちゅうで止めたりするときに使う。

3 次の文に、かぎ（「　」）をひと組ずつ書きましょう。（一つ8点）

① はり紙に、わすれずに　手を　あらう　こと。と　書いて　あった。

② 「生産（せいさん）」を　国語辞典（じてん）で　調べる　と、生活に　必要（ひつよう）な　物を　つくりだす　こと。と　書いて　あった。

①は「はり紙に書いてあることがら」、②は「言葉の意味」にかぎ（「　」）をつけるよ。

文を書く力

4 次の文の――の部分を、〈　〉の符号（ふごう）を使って書きかえましょう。（一つ10点）

① わたしは、ケーキ　アイス　プリンが　大好（だいす）きです。
〈中点（・）〉

② ぼくのゆめ　医者になること　を　作文に　書いた。
〈ダッシュ（――）〉

③ 先生が、今月の目標（もくひょう）と、黒板に　大きく　書いた。
〈かぎ（「　」）〉

3 かぎ（「　」）は、会話文だけでなく、思ったことや、文や文章を引用するときなどにも使うよ。覚（おぼ）えておいて作文などに使うといいね。

29 仕上げドリル⑤

月　日

始め　時　分
終わり　時　分
かかった時間　分
名前
とく点

1 □の文章を読んで、後の問題に答えましょう。

> 先週、わたしは母と本屋さんへ行った。
> そこで、「日本の野鳥」という本を買ってもらった。
> 野鳥の写真を見て、いろいろな野鳥を見てみたい。という思いが強くなった。

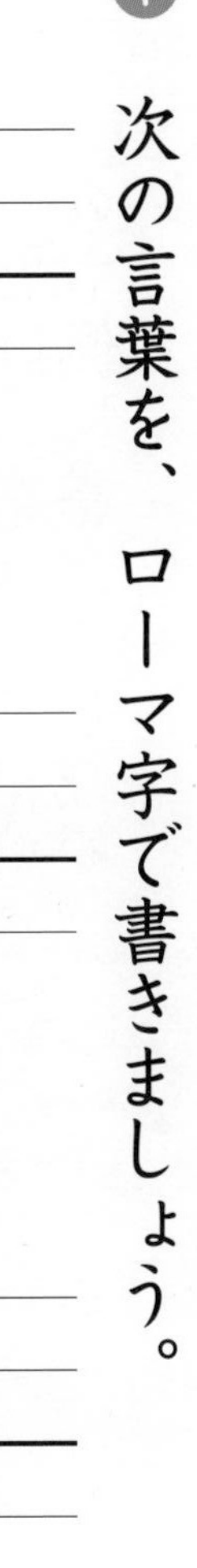

(一) 次の言葉を、ローマ字で書きましょう。（一つ10点）

① 先週

② 本屋

③ 写真

(二) 文を書く力

「わたし」が思ったことに、かぎ（「　」）を入れわすれました。かぎ（「　」）を書きましょう。（8点）

2 □の文章を読んで、後の問題に答えましょう。

運動会のリレーでは、①[はじめ]がぼくで、次が赤川君と青山君と白石君の順番だった。先生は、選手たちに、「力を②[あわせ]れば、③[かならず]優勝できる。」と言ってくれた。

1 ①〜③の□の言葉を、漢字と送りがなで書きます。□の右側に書きましょう。（一つ8点）

2 ――の部分を、中点（・）を使って、――の右側に書きかえましょう。（全部できて8点）

3 次の言葉を、ローマ字で書きましょう。（一つ10点）

① 運動会

② 選手（せんしゅ）

③ 優勝（ゆうしょう）

1 ローマ字では、のばす音（長音）には「＾」をつけるよ。

❶②では、区切りの符号（ ' ）をつけて書くよ。

30 文の組み立て①

始め　時　分
終わり　時　分
かかった時間　分
名前
とく点　点

3年生のおさらい!

1 次の文の述語（「どうする」「どんなだ」「何だ」「ある（いる）」）を書きましょう。（一つ5点）

① クラス委員が、決まった　ことがらを　発表する。（　　）
② あの　大きな　はちは、くまばちだ。（　　）
③ 神社の　池には、たくさんの　かめが　いる。（　　）
④ 高原の　朝は、真夏でも　すずしかった。（　　）

2 次の文の主語と述語を書きましょう。（一つ5点）

① おじいさんは、木切れで　鳥の　巣箱を　作った。
主語（　　）　述語（　　）
② わたしたちの　学校には、広い　プールが　ある。
主語（　　）　述語（　　）
③ 妹の　白い　まくらは、とても　やわらかい。
主語（　　）　述語（　　）

3 次の文の形を［　］から選んで、記号を書きましょう。（一つ5点）

① 駅前にできた新しい店は、とてもきれいだ。（　　）

② 昨日、おじいさんからりんごがとどいた。（　　）

③ 校門の両わきに、古いさくらの木がある。（　　）

④ 向こうに見える建物は、市の清掃工場だ。（　　）

ア 何が（は） どうする。
イ 何が（は） どんなだ。
ウ 何が（は） 何だ。
エ 何が（は） ある（いる）。

述語は、文の終わりにくることが多いよ。文の終わりに注目しよう！

4 絵を見て、□―□と同じ形の文を作りましょう。（一つ10点）

① 何が―どうする。

（草むらから、虫の声が　　　　）

② 何は―どんなだ。

（　　　　）

③ 何が―いる。

（　　　　）

述語が表していることのちがいに注意して、**3**では分類したり、**4**では文作りをしたりしよう！

31 文の組み立て②

3年生のおさらい！

1 □の言葉をくわしくしている言葉（修飾語）に、――を引きましょう。（一つ6点）

① わたしは、あたたかい ミルクを 飲んだ。

② 姉は、静かな 部屋で 音楽を きいている。

③ かわいい 白い 花が、たくさん さいた。

④ たくさんの みつばちが、ブンブン 飛んでいた。

2 ――の言葉（修飾語）がくわしくしている言葉を書きましょう。（一つ6点）

① ちょうが、菜の花の みつを すう。（　　）

② あみを 持った 男の子が 来た。（　　）

3 ――の言葉（修飾語）がくわしくしている言葉を書きましょう。（一つ6点）

① ぼくは、そうっと 草の 深い 所に 歩みよった。（　　）

② 休みの 日に なると、どっと たくさんの 人たちが おとずれた。（　　）

月　日

始め　時　分

終わり　時　分

かかった時間　分

名前

とく点　点

4 次の文から、「いつ」にあたる言葉を書きましょう。（一つ8点）

① 昨日(きのう)、友人の　家で　遊んだ。
（　　　　）

② 母は、さっき、買い物に　出かけた。
（　　　　）

5 次の文から、「どこで」にあたる言葉を書きましょう。（一つ8点）

① ぼくは、ふろ場で　シャワーを　浴(あ)びた。
（　　　　）

② 夏休みに　川原(かわら)で　キャンプを　した。
（　　　　）

6 絵に合うように、修飾語(しゅうしょくご)を使って、〈　〉の文をくわしくしましょう。（一つ10点）

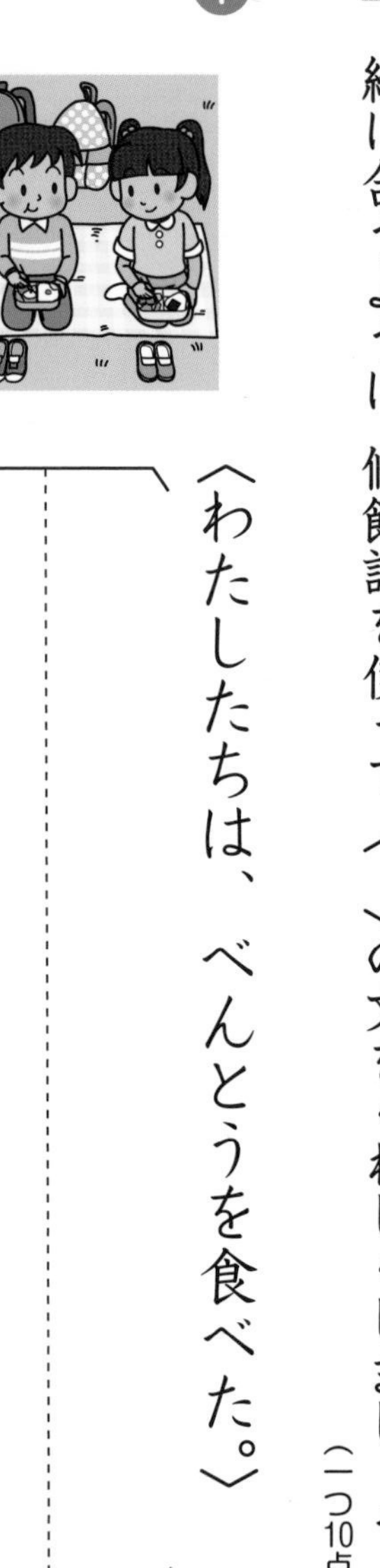

① 〈わたしたちは、べんとうを食べた。〉

野原

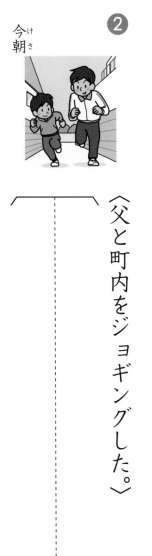

［　　　　］

② 〈父と町内をジョギングした。〉

今朝(けさ)

［　　　　］

修飾語(しゅうしょくご)は、ふつう、修飾語(しゅうしょくご)よりもあとにある言葉をくわしくするよ。
また、「いつ」「どこで」も修飾語(しゅうしょくご)にあたるよ。

32 こそあど言葉①

月　日

始め　時　分

終わり　時　分

かかった時間　分

名前

とく点　点

3年生のおさらい!

1 次のときに使う「こそあど言葉」を、[　]から選んで書きましょう。（一つ2点）

① 話し手に近いとき。（　　）（　　）

② 相手に近いとき。（　　）（　　）

③ 話し手・相手のどちらからも遠いとき。（　　）（　　）

④ はっきりしないとき。（　　）（　　）

[それ・あれ・これ・どれ・そこ・どこ・こちら・あちら]

2 絵を見て、（　）に合う「こそあど言葉」を書きましょう。（一つ8点）

①

駅に行くには、（そ　　）バス停でバスに乗るといいですよ。

②

昨日、魚つりに行って、（こ　　）大きなあじをつったよ。

③

（あ　　）で、大きなかぶと虫を見つけたから、行ってみよう。

3 （　）に合う「こそあど言葉」を、［　］から選（えら）んで書きましょう。（一つ10点）

① 子犬に新しいえさをやった。（　　）は、親せきの家からもらったものだ。

② ろうかに小さなだんさがある。（　　）で、弟がつまずいた。

③ 赤ちゃんがねている部屋（へや）だ。（　　）部屋（へや）の前では静（しず）かにしよう。

［ これ・この・そこ・どんな ］

4 （　）に合う「こそあど言葉」を、［　］から選（えら）んで書きましょう。（一つ10点）

① 昨日（きのう）、博物館（はくぶつかん）に行った。（　　）で、友人にばったり会った。

② 港には、何せきかの船がとまっていた。（　　）中には、漁船（ぎょせん）もあるそうだ。

③ 空の向こうに細長い雲が見える。（　　）は、飛行機雲（ひこうきぐも）だ。

［ その・あれ・そこ・あんな ］

「これ」「その」「あれ」「どの」のように、上に「こ・そ・あ・ど」のついた言葉を「こそあど言葉」というよ。

くもん出版

こそあど言葉②

1 ――の言葉を「こそあど言葉」に書きかえます。［　］から選んで書きましょう。（一つ10点）

① 花だんにいろいろな花がさいている。いろいろな花の中には、チューリップもある。
（　　　）

② 誕生日に、父からオルゴールをもらった。父からもらったオルゴールは、わたしのたから物だ。
（　　　）

③ 家の近くに、港の見える公園がある。休みの日には、家族で港の見える公園へ行く。
（　　　）

［それ・そこ・その］

文を書く力

2 「そ」で始まる「こそあど言葉」を使って、〈　〉の文を書きかえましょう。（一つ10点）

① みゆきさんは新しいかさを持っています。
〈新しいかさは、わたしのと同じ物です。〉
［　　　　］

② ここから、白い建物が見えます。
〈母は、白い建物で働いています。〉
［　　　　］

3 [ ]の「こそあど言葉」がさしていることがらを書きましょう。（一つ10点）

① 花屋さんで赤いカーネーションを買った。[それ]を母の日にプレゼントでおくった。

② 午後三時に、公園の入り口に行ってみたら、[そこ]に移動図書館の車がやって来た。

③ 先週の日曜日に、新しいサッカーボールを買ってもらった。今日から[それ]を使って練習している。

4 [ ]の「こそあど言葉」がさしていることがらを書きましょう。（一つ10点）

去年の秋に、市の植物園へ写生に行った。わたしは、①[そこ]で、色とりどりの百日草の絵をかいた。今年の春、②[その]絵がコンクールで入選して、ひょうしょうされた。

①（　　　）

②（　　　）

1 2のように、同じ言葉を何回も使うと、わかりづらく、くどい文章になるよ。そんなときは「こそあど言葉」を上手に使って、すっきりした文章にしよう！

仕上げドリル⑥

月　日
名前
始め　時　分
終わり　時　分
かかった時間　分
とく点　点

1 □の文章を読んで、後の問題に答えましょう。

昨日、わたしは商店街で友人に会った。

友人の手に、小さな紙があった。

「それは何。」

と、わたしは聞いた。すると、友人は、

「□は買い物のメモだよ。」

と答えた。その後、二人で買い物に行った。

❶ 「何が(は)ある。」の文に、——を引きましょう。（10点）

❷ 「どうする」にあたる述語すべてに、〰〰を引きましょう。（一つ5点）

❸ それがさしていることがらを、（　）でかこみましょう。（10点）

❹ □には、どんな「こそあど言葉」が入りますか。［　］から選んで、（　）でかこみましょう。（10点）〔　　〕

［ ここ・これ・あれ・あそこ ］

2 □の文章を読んで、後の問題に答えましょう。

先週の日曜日、ぼくは父と博物館に行った。そこでは、今、きょうりゅう展を行っていた。まわりには、たくさんの人がいた。ぼくは、父からはなれないように歩いた。きょうりゅうの全身の大きな化石は、ものすごい迫力だった。今にも動きだしそうで、ちょっとこわかった。

読み取る力

① 「いつ」の出来事ですか。わかる部分に、――を引きましょう。（10点）

② そこがさしていることがらに、〰〰を引きましょう。（10点）

読み取る力

③ そこでは、何を行っていましたか。わかる部分を、□でかこみましょう。（10点）

④ 「だれが（は）いる。」の文に、═══を引きましょう。（10点）

⑤ 化石をくわしくしている言葉（修飾語）すべてを、◯でかこみましょう。（10点）

文の組み立てや「こそあど言葉」のさしている内容がわかると、文章を読み取りやすくなるよ。

35 文をつなぐ言葉①

3年生のおさらい!

1 （　）に合う言葉を、［　］から選んで書きましょう。（一つ5点）

① 走ってつかれた。（　　　）、少し休んだ。

② 本を買いに行った。（　　　）、売り切れていた。

③ ゲームをした。（　　　）、トランプもした。

④ ケーキを食べますか。（　　　）、プリンを食べますか。

［でも・また・だから・それとも］

2 同じ働きをする言葉を下から選んで、●—●で結びましょう。（一つ8点）

① だから・　　・さらに・そのうえ

② しかも・　　・それで・すると

③ または・　　・でも・けれども

④ ところが・　　・さて・では

⑤ ところで・　　・それとも・あるいは

それぞれ、どんなときに使う言葉かを考えよう。

月　日

始め　時　分

終わり　時　分

かかった時間　分

名前

とく点　点

文を書く力
3
絵に合うように、次の文につながる文を作りましょう。（一つ10点）

おなかがすいた。

①

〔それで、　　　　〕

②

〔しかし、　　　　〕

文を書く力
4
次の文を、〈　〉の言葉を使って、二つの文に書きかえましょう。（一つ10点）

〈例〉暑くなったので、シャツをぬいだ。〈それで〉
〔暑くなった。それで、シャツをぬいだ。〕

① 市のプールに行ったのに、工事をしていて、泳げなかった。〈でも〉
〔　　　　〕

② 明日の朝、キャンプに出かけるので、今夜は早くねることにした。〈だから〉
〔　　　　〕

4 ①「のに」を省いて一文にしてから、「でも」を続けよう。つなぐ言葉のあとには、ふつう読点（、）を入れるよ。

文をつなぐ言葉②

月　日

名前

始め　時　分

終わり　時　分

かかった時間　分

とく点　点

1 □の言葉と同じ働きをする言葉を、［　］から選んで書きましょう。（一つ10点）

① かぜをひいて熱が出た。［それで］、学校を休んだ。（　　　）

② 昨日、花がさいた。［でも］、今朝、散ってしまった。（　　　）

③ 夏休みに山小屋にとまった。［そのうえ］、川でキャンプもした。（　　　）

［だから・さらに・ところが］

文を書く力

2 絵に合うように、次の文につながる文を作りましょう。（一つ10点）

① 空が急に暗くなってきた。

（すると、　　　）

② 暑くなってきたので、まどを開けた。

（しかし、　　　）

3 （　）に合う言葉を、［　］から選んで書きましょう。（一つ10点）

① ピアノが好きな（　　　　）、毎日、練習している。

② すっかり春になった（　　　　）、花だんの花は、まださかない。

③ なわとびのしすぎで、うでがだるい（　　　　）、足もいたい。

［のに・ので・し］

文を書く力

4 ——の言葉を〈　〉の言葉に変えて、一つの文に書きかえましょう。（一つ10点）

① あの人は、足が速い。それで、リレーの選手に選ばれた。〈ので〉

② さか上がりの練習をした。しかし、上手にできなかった。〈のに〉

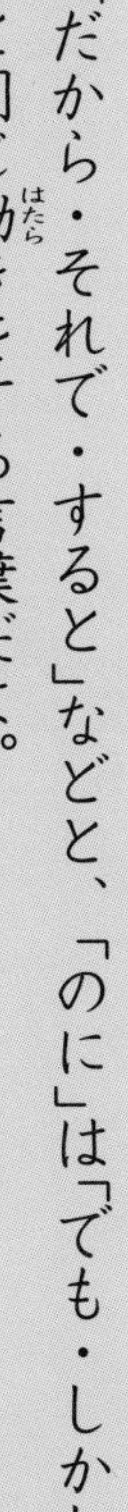

3 4「ので」は「だから・それで・すると」などと、「のに」は「でも・しかし・けれども」などと同じ働きをする言葉だよ。

37

いろいろな言い方①

月　日

始め　時　分

終わり　時　分

かかった時間　分

名前

とく点　点

3年生のおさらい！

1 ―の言葉を、ていねいな言い方に書きかえましょう。（一つ6点）

① 花だんに花の種（たね）を植える。（　　）

② 給食（きゅうしょく）で牛乳（ぎゅうにゅう）を飲む。（　　）

③ 朝、食パンを食べた。（　　）

④ これは、母のバッグだ。（　　）

2 ―の言葉を、ていねいな言い方に書きかえましょう。（一つ6点）

① 急に声をかけられて、とてもおどろいた。（　　）

② 早くそうじを終わらせて、サッカーをしよう。（　　）

③ 言葉の意味や使い方が、よくわからない。（　　）

④ あの飛行機（ひこうき）は、どこに行くのだろう。（　　）

3 次の文で、──の言い方が正しくないものを二つ選んで、×をつけましょう。（一つ6点）

ア（　）昨日、店の前に大きな荷物を積んだ。

イ（　）昼休みに友人となわとびをして遊んだ。

ウ（　）来週、遠足で山登りに行った。

エ（　）今朝は、いつもより早く目が覚めた。

オ（　）明日は、いつもより早く家に帰った。

4 次の文を、ふつうの言い方はていねいな言い方に、ていねいな言い方はふつうの言い方に書きかえましょう。（一つ10点）

① 明日は、晴れるそうだ。

（　　　　　　　　　　）

② 夜中に雨がふるでしょう。

（　　　　　　　　　　）

③ 学級文集を作りましょう。

（　　　　　　　　　　）

④ 友人からの返事が来ない。

（　　　　　　　　　　）

作文では、会話文以外は、ふつうの言い方か、ていねいな言い方にそろえて書くようにしよう。

38 いろいろな言い方②

月　日　名前

始め　時　分
終わり　時　分
かかった時間　分
とく点　点

1 3年生のおさらい!

――の言葉を、〈 〉の言葉を使って、様子をおし量る言い方に書きかえましょう。（一つ5点）

① 明日は、雨が<u>ふる</u>。〈だろう〉

（　　　　　　　　　）

② 今日は、午後から<u>晴れる</u>。〈ようだ〉

（　　　　　　　　　）

「らしい」や「そうだ」を使っても、様子をおし量る言い方になるよ。

2 次の文は、どんな言い方の文ですか。［　］から選んで、記号を書きましょう。（一つ6点）

① クラス委員を決めましょう。……（　　）

② クラス委員を決めてください。……（　　）

③ クラス委員を早く決めたい。……（　　）

④ クラス委員を決めましたか。……（　　）

⑤ クラス委員を早く決めなさい。……（　　）

それぞれの文の終わりの言い方がちがっているね。

ア たのむ言い方。　イ 希望する言い方。
ウ さそう言い方。　エ 命令する言い方。
オ たずねる言い方。

3 人から聞いた言い方の文に「聞」、様子をおし量る言い方の文に「お」、どちらでもないものに○をかきましょう。（一つ6点）

① 兄は、朝早く学校へ行ったようだ。……（　　）

② あのさるは、まるで人間のようだ。……（　　）

③ 今年の夏は、暑くなるそうだ。……（　　）

④ 今年の夏は、暑くなりそうだ。……（　　）

⑤ あの人の服は、とても秋らしい。……（　　）

⑥ ここは夜、ゆうれいが出るらしい。……（　　）

4 ――の言葉を、〈　〉の言い方に書きかえましょう。（一つ6点）

① ボールをこっちに投げる。〈たのむ言い方〉

（　　）

② おそくとも五時には家に帰る。〈さそう言い方〉

（　　）

③ 自分の周りのごみを拾う。〈命令する言い方〉

（　　）

④ 弟は、ケーキを二つ食べた。〈たずねる言い方〉

（　　）

文の終わりの形を変えると、いろいろな言い方の文になるよ。作文などで使えるように、使い方を覚えておこう！

39 いろいろな言い方③

月　名前

始め　時　分
終わり　時　分
かかった時間　分
とく点

3年生のおさらい！

1 （　）に合う言葉を、[　]から選んで書きましょう。（一つ7点）

① 部屋の中は、（　　）のように明るかった。

② さくらの花びらが、（　　）のようにまった。

③ 屋上から見ると、人が（　　）のように見える。

[鉄・雪・昼間・人ごみ・米つぶ]

2 方言について書いた文に「方」、共通語について書いた文に「共」、方言と共通語の両方について書いた文に「両」を書きましょう。（一つ5点）

① どの地方の人にもわかる話し方や言葉づかい。（　）

② その地方独特の昔ながらの表現や言葉づかい。（　）

③ 日本人が、ふだん、よく使っている言葉づかい。（　）

④ テレビのニュースで使う言葉づかい。（　）

⑤ その地方の人たちが、親しい人たちどうしで話をするときに使う言葉づかい。（　）

3 （　）に最も合う言葉を、［　］から選んで書きましょう。（一つ8点）

① （　　　　　　）冷たい手。

② （　　　　　　）かわいい手。

③ （　　　　　　）流れるあせ。

絵のような・たきのように・あらしのような
氷のような・すなのように・もみじのような

文を書く力

4 次の文を、正しく書き直しましょう。（一つ10点）

例 弟は、小さなこまが回った。
弟は、（小さなこまを回した。）

① ぼくは、えだが折れてしまった。
ぼくは、（　　　　　　）

② 妹は、ブラウスのボタンが外れた。
妹は、（　　　　　　）

③ わたしは、いきおいよく水が流れた。
わたしは、（　　　　　　）

4 では、「だれは」という主語に合う形で述語の形を変えよう！ また、「えだが」「ボタンが」「水が」の「が」を「を」に変えると正しい文になるよ。

40 仕上げドリル⑦

月　日
名前
始め
時
分
終わり
時
分
かかった時間
分
とく点

1 □の文章を読んで、後の問題に答えましょう。

昨夜（さくや）から雪がふり始めた。①、朝起きて外を見たら、辺り（あた）は真っ白だった。

今は冬休み中なので、登校しなくてよい。②、外で遊べないのが残念（ざんねん）だ。

外へ出ると、空気がとても冷（つめ）たかった。

わたしは父を手伝（てつだ）って雪かきをした。③、だんだん体が温かくなって、あせも出てきた。

(1) ①～③に合う言葉を選（えら）んで、○でかこみましょう。（一つ10点）

①…（しかし・それとも・そして）

②…（また・さて・でも）

③…（すると・けれど・ところで）

(2) 文を書く力　――の文を、「だから」を使って、二つの文に書きかえましょう。（20点）

（　　　　　　　　　　）

2 □の文章を読んで、後の問題に答えましょう。

　土曜日、母と買い物からもどると、姉が友人から電話があったと教えてくれた。

　友人は、「いっしょにサッカーをしよう。」と言っていた[そうだ]。それを聞いて、ぼくが出かける用意をしていると、母が、

「宿題をやってから[行く]。」

と言った。ぼくは、友人に電話をかけて、

「ぼくは、宿題が終わってから行くよ。

　きみは、もう終わったのか。」

と言った。

1 さそう言い方の文に、――を引きましょう。（10点）

2 たずねる言い方の文に、〰〰を引きましょう。（10点）

読み取る力
3 [そうだ]のここでの意味として正しいほうに、○をつけましょう。（15点）

ア（　）人から聞いた言い方
イ（　）様子をおし量る言い方

4 [行く]を、命令する言い方に書きかえましょう。（15点）

（　　　　）

2 3「そうだ」には、「人から聞いた言い方」と「様子をおし量る言い方」の二つがあったよ。前の部分との続き方を調べて、文の意味を考えよう。

テスト①

1 次の文章を読んで、下の問題に答えましょう。

ぼくは自転車をなくした。だれのせいでもない。ぼくが悪い。自転車のかぎをかけないで、ぶんぼう具屋の前に止めておいた。※ろうせきを買って店から出てきたら、自転車はどこにもない。手品みたいに真昼の道路から消えてしまった。

「だらしがないったらありゃしない。」

家に帰って母(かあ)さんに話したら、母(かあ)さんはかんかんになっておこった。

「物をなくしたからって、すぐ新しい物を買ってもらえると思ったら、大まちがいよ。」

母(かあ)さんは、それきり、自転車の話はしなくなった。

※ろうせき…ろうのようにやわらかい石。

❶ 「自転車をなくした」について、（　）に合う言葉を書きましょう。（一つ10点）

① どうして、なくしてしまったのですか。

自転車の（　　　　）、店の前に止めておいたから。

② 母(かあ)さんに話したら、母(かあ)さんは、どのような様子でおこりましたか。

（　　　　）おこった。

❷ 自転車が「消えてしまった」様子を、何にたとえていますか。（10点）

（　　　　）

❸ 何が「大まちがい」なのですか。（　）に合う言葉を書きましょう。（一つ10点）

物を①（　　　　）からって、すぐ②（　　　　）を買ってもらえると思うこと。

月　日　名前

始め　時　分
終わり　時　分
かかった時間　分
とく点　点

次の日、学校から帰ると、いつものようにのぶちゃんが遊びに来た。

いつものように自転車に乗ってきた。

いつものように自転車に乗ったまま、ベルを鳴らしてぼくをよんだ。

ぼくは、いつものようにげんかんの戸を開けて出て行った。

「東町公園へ野球に行くよ。早く、早く！」

けれど、ぼくは、のぶちゃんといっしょに行かなかった。行かなかったのではなくて、行けなかった。

自転車の二人乗り(ふたり)は学校で禁止(きんし)されていたし、東町公園まで歩いていくには一時間かかった。

「じゃあな。」

のぶちゃんは、行ってしまった。

(平成23年度版　教育出版　ひろがる言葉　小学国語4上　16〜25ページ　『やい、とかげ』舟崎　靖子)

4 学校から帰ると、だれが遊びに来ましたか。(5点)

(　　　　)

5 のぶちゃんは、いつも、どうするのですか。(　)に合う言葉を書きましょう。(一つ5点)

自転車に②(　　　　)、①(　　　　)に乗ってきて、ベルを③(　　　　)ぼくをよぶ。

6 「ぼく」が、のぶちゃんといっしょに「行けなかった」のは、どうしてですか。(　)に合う言葉を書きましょう。(一つ10点)

① 自転車を(　　　　)しまったから。

② 自転車の(　　　　)は学校で禁止(きんし)されていたから。

③ 東町公園まで(　　　　)には一時間かかったから。

いつもなら、自転車に乗って、のぶちゃんと遊びに行くはずなのに、自転車をなくしたので行けなくなってしまったんだね。

テスト②

月　日　名前

始め　時　分
終わり　時　分
かかった時間　分

とく点　点

1 次の文章を読んで、下の問題に答えましょう。

　ヤドカリの仲間で、さんごしょうに多いソメンヤドカリは、貝がらにイソギンチャクを付けて歩き回っています。観察してみると、ソメンヤドカリは、たいてい二つから四つのベニヒモイソギンチャクを、貝がらの上に付けています。中には、九つものイソギンチャクを付けていたヤドカリの例も記録されています。このようなヤドカリのすがたは、いかにも重そうに見えます。

　なぜ、ヤドカリは、いくつものイソギンチャクを貝がらに付けているのでしょうか。

　このことを調べるために、次のような実験をしました。

　まず、おなかをすかせたタコのいる水そうに、イソギンチャクを付けていないヤドカリを放します。タコはヤドカリが大好物なので、長いあしですぐヤドカリをつかまえ、貝がらをかみ

1 ソメンヤドカリは、貝がらに何を付けているのですか。（10点）

（　　　　　　）

2 「このような」とありますが、正しい様子に、○をつけましょう。（10点）

ア（　）さんごしょうに多い様子。

イ（　）貝がらを付けている様子。

ウ（　）たくさんのイソギンチャクを付けている様子。

3 問いかけを表すぎもんの文をさがして、——を引きましょう。（10点）

4 タコとヤドカリの関係について、（　）に合う言葉を書きましょう。（一つ10点）

タコはヤドカリが①（　　　　）なので、長いあしでつかまえて、②（　　　　）しまう。

くだいて食べてしまいます。

次に、イソギンチャクを付けているヤドカリを入れてみます。タコは、ヤドカリをとらえようとしてしきりにあしをのばしますが、イソギンチャクにふれそうになると、あわててあしを引っこめてしまいます。ヤドカリが近づくと、タコは後ずさりしたり、水そうの中をにげ回ったりします。

実は、イソギンチャクのしょく手は、何かがふれるとはりが飛び出す仕組みになっています。そのはりで、魚やエビをしびれさせて、えさにするのです。タコや魚はこのことをよく知っていて、イソギンチャクに近づこうとはしません。□、ヤドカリは、イソギンチャクを自分の貝がらに付けることで、敵から身を守ることができるのです。

（令和2年度版　東京書籍　新しい国語　四上　38〜42ページ　『ヤドカリとイソギンチャク』武田正倫）

ソメンヤドカリは、イソギンチャクのしょく手の仕組みを利用しているんだね。

5 イソギンチャクを付けているヤドカリを水そうに入れたときのタコの様子について、（　）に合う言葉を書きましょう。（一つ10点）

タコは、ヤドカリをとらえようと①（　　　）あしをのばすが、イソギンチャクにふれそうになると、②（　　　）あしを引っこめてしまう。ヤドカリが近づくと、タコは、③（　　　）したり、にげ回ったりする。

6 □に合う言葉に、○をつけましょう。（10点）

ア（　）しかし
イ（　）それで
ウ（　）さらに

7 ヤドカリは、イソギンチャクを付けることで、どうすることができるのですか。（10点）

1 次の文章を読んで、下の問題に答えましょう。

（略）明くる日も、ごんは、くりを持って、兵十のうちへ①出かけました。兵十は、物置でなわを②なっていました。それで、ごんは、うちのうら口から、（あ）中へ入りました。

そのとき兵十は、（い）顔を上げました。と、きつねがうちの中へ入ったではありませんか。こないだ、うなぎをぬすみやがったあのごんぎつねめが、またいたずらをしに来たな。

「ようし。」

兵十は立ち上がって、なやにかけてある火なわじゅうを取って、火薬をつめました。そして、足音をしのばせて近よって、今、戸口を出ようとするごんを、ドンとうちました。

❶ 「明くる日も」から、どんなことがわかりますか。（7点）

〔　　〕

❷ 次の述語の主語を書きましょう。（一つ7点）

① 出かけました（　　）

② なっていました（　　）

❸ あ・いの（　）に合う言葉のほうに、○をつけましょう。（一つ7点）

あ（　）さっぱり（　）こっそり

い（　）ふと（　）じっと

❹ 兵十がごんをにくんでいたのはなぜですか。それがわかる一文に、——を引きましょう。（10点）

❺ 「足音をしのばせる」とは、どのように歩くことですか。（7点）

〔　　〕

月　日　名前

始め　時　分

終わり　時　分

かかった時間　分

とく点　点

ごんは、（う）たおれました。
兵十はかけよってきました。うちの中を見ると、土間にくりが固めて置いてあるのが、目につきました。

「おや。」

と、兵十は（え）して、ごんに目を落としました。

「ごん、おまいだったのか、いつも、くりをくれたのは。」

ごんは、（お）目をつぶったまま、うなずきました。

兵十は、**火なわじゅうをばたりと取り落とし**ました。青いけむりが、まだつつ口から細く出ていました。

（令和2年度版　光村図書　国語四下　はばたき　12〜29ページ『ごんぎつね』新美南吉）

6 （う）〜（お）の（　）に合う言葉を次から選んで、記号を書きましょう。（一つ6点）

①（　）びっくり
②（　）ばたりと
③（　）ぐったりと

7 ——の部分を、ふつうの語順になるように書きかえましょう。（10点）

8 「**火なわじゅうをばたりと取り落とし**」たことから、兵十のどんな気持ちがわかりますか。（10点）

9 〰〰の部分から、どんな感じがわかりますか。次から一つ選んで、○をつけましょう。（10点）

ア（　）楽しい、ゆかいな感じ。
イ（　）悲しい、あわれな感じ。
ウ（　）明るい、さわやかな感じ。

兵十の気持ちのうつり変わりに注意して読んでみよう！
ごんの気持ちを知ったときの兵十の心の中を想像してみよう。

4年生 答え

言葉と文のきまり

- 文や文章を使った問題では、文章中の言葉を正解としています。
- 例の答えでは、同じような内容が書けていれば正解です。
- （ ）は、ほかの答え方です。
- 漢字やローマ字の言葉を書く問題では、全部書けて、一つの正解です。

1 三年生の復習① 1・2ページ

1 ❶持っ ❷拾い ❸進ま ❹泳い ❺遊ん

2 ❶①軽く ②軽かっ
❷①美しく ②美しけれ ③美しかっ

3 ❶登る ❷調べる ❸苦い ❹悲しい

4 ❶hakusyu (hakushu) ❷gakkô ❸pan'ya ❹kyôsitu (kyôshitsu)

2 三年生の復習② 3・4ページ

1 ❶短い ❷幸せ ❸美しい ❹整える

2 ❶ウ ❷ア ❸イ ❹エ

3 ❶それ ❷あれ ❸その ❹どの ❺ここ ❻そこ ❼あちら ❽こんな ❾どんな

4 ❶例かさをさした。
❷例三位だった。
❸例サッカーもした。

3 反対の意味の言葉 5・6ページ

1 ❶低い・安い ❷着る・はく

2 ❶おりる ❷冷たい ❸外側 ❹とくい

3 ❶終わる ❷かりる ❸県外 ❹人工 ❺成功

4 ❶例ぼくは、じゃんけんに勝った。
はやと君は、じゃんけんに負けた。
❷例二時以前は、部屋にだれもいない。
二時以後は、家族みんながいる。

4 仲間の言葉・にた意味の言葉 7・8ページ

1 ❶船 ❷洋服 ❸野菜

2 ❶手足・食道・血管 ❷たんす・本だな・ベッド ❸道路・交差点・信号
※❶～❸は順序がちがってもよい。

3 ❶負ける ❷愛する ❸短所

4 ❶しゃべる・のべる・語る
❷楽しい・にこにこする・よろこぶ
※❶❷は順序がちがってもよい。

5 動きを表す言葉 9・10ページ

1 ❶ 食べる。 ❷ ける。 ・働く。 ❸ 聞こえる。 ❹ ながめる。

2 ❶ 返す ❷ 飛ぶ ❸ 伝える

3 ❶ か／い ❷ そ／し ❸ り／れ／つ ❹ ば／ぼ／ん

4 ❶ 焼い／焼こ ❷ 結び／結ん ❸ 笑わ／笑っ

6 様子を表す言葉 11・12ページ

1 イ・エ

2 ❶ く／かっ ❷ い／けれ

3 ❶ 浅く／浅けれ ❷ 冷たく／冷たかっ

4 ❶ すやすや ❷ くるくる ❸ ちらちら ❹ ぐつぐつ

5 ❶ 例(れい)弟は、とんぼにそっと近づいた。 ❷ 例お客が、どっとやって来た。 ❸ 例空が、からっと晴れている。

7 仕上げドリル① 13・14ページ

1 ❶ ①直前 ②最後 ❷ おりる ❸ 例(れい)短所〈弱点〉 ❹ あやまっ

2 ❶ ①始めた〈始め〉 ②暑く ❷ ①かす ②熱い〈温かい〉 ❸ じりじりと〈じりじり〉 ❹ 飲ん

8 組み合わせた言葉 15・16ページ

1 ❶ ほし ❷ ながそで ❸ とぶ ❹ はやい ❺ こえ

2 ❶ 例(れい)わたしは、わすれ物をしないように心がけている。 ❷ 例地図を見ながら行ったが、行き止まりだった。

3 ❶ めじるし ❷ あまぐつ ❸ わらいごえ ❹ ふなぞこ

4 かえる＋みち・うすい＋くらい・はだ＋さむい・こころ＋ほそい

※4は順序(じゅんじょ)がちがってもよい。

9 国語辞典(じてん)の使い方① 17・18ページ

1 ❶ (2)(1)(3) ❷ (2)(3)(1) ❸ (1)(3)(2) ❹ (3)(2)(1)

2 ❶ 動く ❷ 折る ❸ 続く ❹ 冷める

3 ❶ (3)(1)(2) ❷ (1)(3)(2) ❸ (3)(2)(1) ❹ (3)(1)(2)

4 ❶ 低い ❷ 悲しい ❸ 悪い ❹ 熱い

ポイント
様子を表す言葉の言い切りの形は、言葉の終わりが「い」になるよ。

10 国語辞典の使い方② ページ19・20

1 ❶作る ❷書く ❸ためす ❹おいしい

2 ❶イ ❷ア

3 ウ

4 ❶イ ❷ア ❸ウ ❹イ

11 決まった言い方をする言葉① ページ21・22

1 ❶ロ ❷首 ❸足

2 ❶耳にたこができる ❷むねがいたむ ❸鼻が高い ❹手に負えない

3 ❶イ ❷エ ❸ア ❹ウ

4 ❶エ ❷カ ❸ウ

ポイント
❸「馬が合う」は、「たがいの気が合う」意味で使うよ。

12 決まった言い方をする言葉② ページ23・24

1 ❶馬 ❷ロ ❸好き

2 ❶イ ❷ウ ❸ア

3 ❶おに・強さ ❷のれん・手ごたえ

4 ❶イ ❷ア ❸ウ

ポイント
イ「石の上にも三年」とは、「しんぼう強くがまんして行えば、最後（さいご）には成功（せいこう）するということ。」の意味だよ。
ウ「石橋をたたいてわたる」とは、「ひじょうに用心深く行動することのたとえ。」に使われるよ。

13 仕上げドリル② ページ25・26

1 ❶羽をのばし（たいな） 首を長く（して）
❷①ふなたび ②しらなみ
❸③長い ④待つ

2 ❶石の上にも三年（だね。）
❷①おそい ②速い ③選ぶ ④ほめる
❸イ

ポイント
❸の□の「切る」は、「下回る」という意味で使われているよ。

14 同じ部首の漢字 ページ27・28

1 ❶代・住 ❷落・薬 ❸庫・庭

2 ❶説・試 ❷録・鏡 ❸標・機械

3 ❶類・順 ❷察・完 ❸熱・照

4 ❶沖・潟 ❷続・約・結 ❸選・達・連

15 漢字の組み立てと部首 ページ29・30

1 ❶暗 ❷練 ❸息 ❹暑 ❺笛 ❻館

ポイント
❻「食」がへんになると、「飠」になるよ。

2 ❶静 ❷貨 ❸季

3 ❶梅・札 ❷泣・漁

4 ❶土 ❷金ぞく ❸食べ物 ❹手

16 漢字の成り立ち　31・32ページ

1 ❶山　❷月　❸下　❹末

2 ❶明　❷相　❸岩　❹歩

3 ❶王（王）・求　❷巾（巾）・長　❸氵・青　❹言（言）・果

4 ❶馬・羽　❷本・上　❸鳴・林　❹絵・持

※**4**は順序がちがってもよい。

5 ❶氵・羊・ヨウ　❷口（口）・未・ミ　❸竹（竹）・官・カン

17 漢字辞典の使い方　33・34ページ

1 ❶イ　❷ア　❸ウ　❹ア　❺イ　❻ウ

2 ❶車（車）・7　❷阝・3　❸广・3　❹辶・3

3 ❶竹（竹）・4　❷灬・8　❸木（木）・5　❹門・6

4 ❶5　❷10　❸9　❹15　❺8　❻20

5 ❶ 1 3 2　❷ 2 1 4 3　❸ 3 1 4 2

ポイント
それぞれ、部首以外の部分の画数を数えてくらべてみよう。

18 仕上げドリル③　35・36ページ

1 ❶木（きへん）…モクヒョウ・セッキョクテキ
標　極
言（ごんべん）…コクゴ・ケイサン
語　計
❷音訓

2 ❶①察　②秋・種　③陽

※**2**❶②は順序がちがってもよい。

❷総画

19 形のにた漢字　37・38ページ

1 ❶待　詩　持　❷柱　注　住

ポイント
部首以外の部分が同じ漢字は、音読みが同じ場合があるので、特にまちがえやすいよ。漢字の部首に注目して、意味や使い方のちがいを覚えよう。

2 ❶読・続　❷飯・坂　❸賀・貨　❹清・静

3 ❶海　梅　❷巣　単　❸季　委　❹民　氏

4 ❶千意|億を…一北|兆になる。
❷週未|末は…科|料理教室に…。
❸…夫|失敗して…今席|度は…。
❹…種|積んだ…健|建せつ予定地…。

20 同じ読み方の漢字① 39・40ページ

1
❶ 究 急　❷ 開 界
❸ 仕 使　❹ 院 員

2
❶ 英　❷ 菜　❸ 案
❹ 康　❺ 軍　❻ 管

3
❶ 果 貨　❷ 径 景
❸ 札 刷　❹ 産 参

4
❶ 合笑|唱コンクールで、…決|結果を…。
❷ 十位井|以内を目票|標に、…。
❸ …節|説明で、…辺|変化が…。
❹ 海低|底に…感心|関がある。

21 同じ読み方の漢字② 41・42ページ

1
❶ 明 開　❷ 早 速
❸ 帰 返　❹ 上 登

2
❶ 周　❷ 建　❸ 初
❹ 泣　❺ 変　❻ 挙

3
❶ 着 付　❷ 指 差
❸ 暑 熱　❹ 計 量

4
❶ …返|帰ったとき、…建|立っていた。
❷ …直|治したら、…走り周|回りたい。
❸ …泣|鳴く声で目が冷|覚めた。
❹ 母の変|代わりに、始|初めて…。

22 漢字を組み合わせた言葉① 43・44ページ

1
❶ （◯）（ ）　❷ （ ）（◯）

2
❶ 明・車・活
❷ 黒・鉄・画
❸ 学期・記録
※2❶の「明」と「車」と❷❸は、順序がちがってもよい。

3
❶ 全　❷ 実　❸ 気

4
❶ 例 木の刀　❷ 例 休みの日
❸ 例 強い力　❹ 例 新しい雪

23 漢字を組み合わせた言葉② 45・46ページ

1
❶ （長）短・（売）買・（明）暗
❷ （寒）冷・（変）化・（回）転

2
❶ 美人・びじん
❷ 黒板・こくばん

3
不（幸）・無（害）
未（開）・不（運）

4
❶ 勝敗・高低
❷ 道路・学習
❸ 多数・海底
❹ 未知・無料
※4は順序がちがってもよい。

24 仕上げドリル④ 47・48ページ

1
❶ …、松たけご飲|飯…。今年始|初めて…、…
完|感動しました。…委説|季節なので、…。
❷ 歩道・白線

2
❶ 先周|週…、…決度|欠席しました。…熱|暑かった…、
…。…希|気温が…、…令|冷えて…。
❷ ① 労働・寒冷
② 未定・無色
③ 流星・海底
※2❷は順序がちがってもよい。

25 ローマ字 ページ49・50

1
① sakura
② ahiru
③ itigo (ichigo)
④ hanabi

ポイント ローマ字の書き方や線のはばに決まりはないよ。

2
① ふうせん
② でんえん
③ てっぱん
④ おもちゃ
⑤ ちゅうしゃ
⑥ とうきょう

3
① ( ) / (○)
② (○) / ( )
③ ( ) / (○)
④ (○) / ( )

4
① kitte
② gyûnyû
③ pan'ya
④ hokkaidô (Hokkaidô) (HOKKAIDÔ)

26 送りがな ページ51・52

1
① く
② える
③ せ
④ しい

2
① 残れ / 残っ
② 結ぼ / 結ん
③ 浅く / 浅けれ

3
① 必ず
② 治める
③ 勇ましい
④ 働く

4
① 連なっ
② 最も
③ 改め
④ 試みる

27 符号の使い方① ページ53・54

1
① …魚が、…泳いだ。
② …行ったが、…定休日だった。
③ …ふったので、…なった。
④ …聞こえた。…みると、

2
① …姉と、…する。
② …急いで、…よんだ。
③ …すばやく、…追いかけた。

3
① ( ) / (◎)
② (◎) / ( )

4
① 夜、父と…
② …行くと、みんなは…
③ …でも、友人は…

28 符号の使い方② ページ55・56

1
① 「おはようございます。」
② 「どうも、ありがとう。」

2
① イ
② ウ
③ エ
④ ア
⑤ オ

3
① 「わすれずに　手を　あらう　こと。」
② 「生活に　必要な　物を　つくりだす　こと。」

4
① ケーキ・アイス・プリン
② ——医者になること——
③ 「今月の目標」

29 仕上げドリル⑤ 57・58ページ

1
❶ ① sensyû (senshû) ② hon'ya ③ syasin (shashin)
❷「いろいろな野鳥を見てみたい。」

2
❶ ① 初め ② 合わせ ③ 必ず
❷ 赤川君・青山君・白石君
❸ ① undôkai ② sensyu (senshu) ③ yûsyô (yûshô)

30 文の組み立て① 59・60ページ

1
❶ 発表する
❷ くまばちだ
❸ いる
❹ すずしかった

2
❶ 主語…おじいさんは　述語…作った
❷ 主語…プールが　述語…ある
❸ 主語…まくらは　述語…やわらかい

ポイント
❷「学校には」は主語ではないよ。「ある」をくわしくする修飾語だよ。

3
❶ イ　❷ ア　❸ エ　❹ ウ

4
❶ 例 草むらから、虫の声が聞こえる。
❷ 例 母が作ったスープはおいしい。
❸ 例 さくの向こうにペンギンがいる。

31 文の組み立て② 61・62ページ

1
❶ あたたかい
❷ 静かな
❸ たくさん
❹ ブンブン

2
❶ みつ
❷ 男の子

3
❶ 歩みよった
❷ おとずれた

4
❶ 昨日
❷ さっき

5
❶ ふろ場で
❷ 川原で

6
❶ 例 わたしたちは、野原でべんとうを食べた。
❷ 例 今朝、父と町内をジョギングした。

32 こそあど言葉① 63・64ページ

1
❶ これ・こちら
❷ それ・そこ
❸ あれ・あちら
❹ どれ・どこ
※ 1 は順序がちがってもよい。

2
❶ その
❷ こんな
❸ あそこ〈あっち・あちら〉

3
❶ これ
❷ そこ
❸ この

4
❶ そこ
❷ その
❸ あれ

33 こそあど言葉② 65・66ページ

1
❶ その　❷ それ　❸ そこ

2
❶ 例 それは、わたしのと同じ物です。
❷ 例 母は、そこで働いています。

3
❶ 赤いカーネーション
❷ 公園の入り口
❸ 新しいサッカーボール

4
❶ 例 市の植物園
❷ 例 色とりどりの百日草（の）

34 仕上げドリル⑥ 67・68ページ

1
❶ 友人の手に、小さな紙があった。
❷ 会った・聞いた・答えた・行った
❸ 小さな紙
❹ これ

ポイント
話し手の手に持っている「小さな紙」のことだから、「こ」のつく「こそあど言葉」を使うよ。

2
❶ 先週の日曜日
❷ 博物館
❸ きょうりゅう展
❹ まわりには、たくさんの人がいた。
❺ きょうりゅうの全身の大きな

ポイント
「そこ」は、場所をしめす「こそあど言葉」だよ。場所を表す言葉からさがそう。

35 文をつなぐ言葉① 69・70ページ

1
❶ だから　❷ でも
❸ また　❹ それとも

2
❶ さらに…
❷ それで…
❸ でも…
❹ さて…
❺ それとも…

3
❶ 例 おかしを食べた。
❷ 例 がまんして勉強した。

4
❶ 例 市のプールに行った。でも、工事をしていて、泳げなかった。
❷ 例 明日の朝、キャンプに出かける。だから、今夜は早くねることにした。

ポイント
❶は「～行ったのに」、❷は「～出かけるので」のところで、二つの文に区切るよ。

36 文をつなぐ言葉② 71・72ページ

1
❶ だから
❷ ところが
❸ さらに

2
❶ 例 雨がふってきた。
❷ 例 風は入ってこなかった。

3
❶ ので
❷ のに
❸ し

4
❶ 例 あの人は、足が速いので、リレーの選手に選ばれた。
❷ 例 さか上がりの練習をしたのに、上手にできなかった。

37 いろいろな言い方① 73・74ページ

1
❶ 植えます
❷ 飲みます
❸ 食べました
❹ バッグです

2
❶ おどろきました
❷ しましょう
❸ わかりません
❹ 行くのでしょう

3
ウ・オ

ポイント
ウは「来週」のことなので「行く予定だ」などが、オは「明日」のことなので「帰るつもりだ」などが正しい言い方になるね。

4
❶ 明日は、晴れるそうです。
❷ 夜中に雨がふるだろう。
❸ 学級文集を作ろう。
❹ 友人からの返事が来ません。

ポイント
❶❹はふつうの言い方なので、ていねいな言い方に変えるよ。
❷❸はていねいな言い方なので、ふつうの言い方に変えるよ。

38 いろいろな言い方② 75・76ページ

1 ① ふるだろう ② 晴れるようだ

2 ① ウ ② ア ③ イ ④ オ ⑤ エ

3 ① お ② ○ ③ 聞 ④ お ⑤ ○ ⑥ お

ポイント
文の終わりの言い方に注目しよう。

4 ① 例 投げてください〈投げてくれ〉
② 例 帰りましょう〈帰ろう〉
③ 例 拾いなさい〈拾え〉
④ 例 食べましたか〈食べたか〉

ポイント
②は「まるで～のようだ」という、たとえの言い方だよ。⑤の「らしい」は、「いかにも～だ」という様子を表すよ。

39 いろいろな言い方③ 77・78ページ

1 ① 昼間 ② 雪 ③ 米つぶ

2 ① 共 ② 方 ③ 両 ④ 共 ⑤ 方

3 ① 氷のような
② もみじのような
③ たきのように

4 ① 例 えだを折ってしまった。
② 例 ブラウスのボタンを外した。
③ 例 いきおいよく水を流した。

ポイント
①「折れて」を「折って」に、②「外れた」を「外した」に、③「流れた」を「流した」に変えるよ。
また、①「えだが」、②「ボタンが」、③「水が」の「が」を「を」に変えるよ。

40 仕上げドリル⑦ 79・80ページ

1 ① ① そして ② でも ③ すると
② 例 今は冬休み中だ。だから、登校しなくてよい。

ポイント
「～なので、」のところで文を二つに分けるよ。

2 ① いっしょにサッカーをしよう。
② きみは、もう終わったのか。
※①・②とも、かぎ（「　」）を入れても正解です。
③ ア
④ 例 行きなさい〈行け〉

ポイント
「友人から電話があった」と姉が教えてくれたので、姉から聞いたことがわかるね。

41 テスト① 81・82ページ

1 ① ① かぎをかけないで ② かんかんになって〈かんかんに〉
② 例 手品みたい

ポイント
「手品」が書けていれば正解です。

③ ① なくした ② 新しい物
④ のぶちゃん
⑤ ① 自転車 ② 乗ったまま ③ 鳴らして
⑥ ① なくして ② 二人乗り ③ 歩いていく〈歩く〉

ポイント
①は、81ページの文章の初めに書いてあるよ。
②③は、82ページの文章の終わりの部分に書いてあるので、しっかり読み取ろう。

42 テスト②

83・84ページ

1 ① イソギンチャク

〈ベニヒモイソギンチャク〉

② ウ

ポイント 「二つから四つの～」や「中には、九つもの～」などから、「たくさん」ということがわかるね。

③ なぜ、ヤドカリは、いくつものイソギンチャクを貝がらに付けているのでしょうか。

ポイント 文の終わりの「か」に注目しよう。

④ ① 大好物

② 食べて

〈貝がらをかみくだいて食べて〉

⑤ ① しきりに

② あわてて

③ 後ずさり

ポイント タコの動きをくわしくしている言葉に注目しよう。

⑥ イ

⑦ 例 敵から身を守ることができる。

ポイント 文章の最後の文に注目して読み取ろう。

43 テスト③

85・86ページ

1 ① 例 前の日も同じことをしたこと。

② ① ごんは

② 兵十は

③ (あ)（ ）（○） (い)（○）（ ）

④ こないだ、うなぎをぬすみやがったあのごんぎつねめが、またいたずらをしに来たな。

⑤ 例 こっそりと静かに歩くこと。

ポイント 「しのばせる」は、「こっそりと何かを行う。」意味で使われるよ。

⑥ ① (え) ② (う) ③ (お)

ポイント (う)・(お)はごんの様子、(え)は兵十の様子を表す言葉が入るよ。

⑦ いつも、くりをくれたのは、おまえだったのか。

⑧ 例 たいへんなことをしてしまったと後かいする気持ち。

ポイント ⑧「いつも、くりをくれた」ごんをじゅうでうってしまったんだね。ごんにすまないことをしたという気持ちが表れているよ。

⑨ イ

『お客さまアンケート』個人情報保護について

『お客さまアンケート』にご記入いただいたお客さまの個人情報は、以下の目的にのみ使用し、他の目的には一切使用いたしません。
①弊社内での商品企画の参考にさせていただくため
②当選者の方へ「図書カード」をお届けするため
③ご希望の方へ、公文式教室への入会や、先生になるための資料をお届けするため
※資料の送付、教室のご案内に関しては公文教育研究会からご案内させていただきます。
なお、お客さまの個人情報の訂正・削除につきましては、お客さま係までお申し付けください。

きりとり線

郵　便　は　が　き

恐れ入りますが、切手をお貼りください。

108-8617

東京都港区高輪4-10-18
京急第1ビル 13F
（株）くもん出版
お客さま係 行

フリガナ	
お 名 前	
ご 住 所	〒□□□-□□□□ 都道府県 区市郡
ご連絡先	TEL　（　　　）
Eメール	@

● 『公文式教室』へのご関心についてお聞かせください ●
1. すでに入会している　2. 以前通っていた　3. 入会資料がほしい　4. 今は関心がない

● 『公文式教室』の先生になることにご関心のある方へ ●
ホームページからお問い合わせいただけます → くもんの先生 検索
資料送付ご希望の方は○をご記入ください・・・希望する(　　　)
資料送付の際のお宛名＿＿＿＿＿＿＿＿ ご年齢(　　　)歳

ウェブサイトでも 郵便はがきでも OK!

お客さまの声をお聞かせください!

郵便はがき

今後の商品開発や改訂の参考とさせていただきますので、「郵便はがき」にて、本商品に対するお声をお聞かせください。率直なご意見・ご感想をお待ちしております。

※**郵便はがきアンケート**をご返送頂いた場合、図書カードが当選する**抽選の対象**となります。

抽選で毎月100名様に「図書カード」1000円分をプレゼント!

くもん出版の商品情報はこちら!

くもん出版では、乳幼児・幼児向けの玩具・絵本・ドリルから、小中学生向けの児童書・学習参考書、一般向けの教育書や大人のドリルまで、幅広い商品ラインナップを取り揃えております。詳しくお知りになりたいお客さまは、ウェブサイトをご覧ください。

くもん出版ウェブサイト
https://www.kumonshuppan.com

くもん出版 検索

くもん出版直営の通信販売サイトもございます。

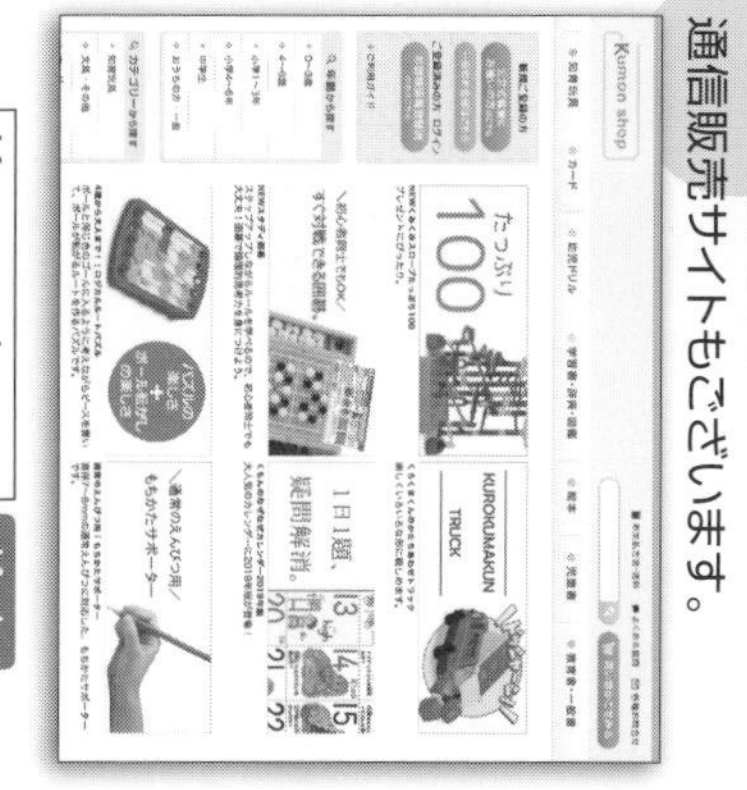

Kumon shop 検索

くもん出版 お客さま係
東京都港区高輪4-10-18 京急第1ビル13F E-mail info@kumonshuppan.com
0120-373-415（受付時間／月～金 9:30～17:30 祝日除く）

選んで、使って、いかがでしたか？

ウェブサイトへレビューをお寄せください

ウェブサイト

こちらから

くもん出版ウェブサイト（小学参特設サイト）の「お客さまレビュー」では、
くもんのドリルや問題集を使ってみた感想を募集しています。
「こんなふうに使ってみたら楽しく取り組めた」「力がついた」というお話だけでなく、
「うまくいかなかった」といったお話もぜひお聞かせください。
ご協力をお願い申し上げます。

くもんの小学参特設サイトにはこんなコンテンツが…

カンタン診断
10分でお子様の実力をチェックできます。（新小1・2・3年生対象）

お客さまレビュー
レビューの投稿・閲覧ができます。他のご家庭のリアルな声がぴったりのドリル選びに役立ちます。

マンガで解説！くもんのドリルのひみつ
どうしてこうなっているの？ くもん独自のくふうを大公開。ドリルのじょうずな使い方もわかります。

<ご注意ください>

・「お客さまアンケート」（はがきを郵送）と「お客さまレビュー」（ウェブサイトに投稿）は、アンケート内容や個人情報の取り扱いが異なります。

	図書カードが当たる抽選	個人情報	感想
はがき	対象	氏名・住所等記入欄あり	非公開（商品開発・サービスの参考にさせていただきます）
ウェブサイト	対象外	メールアドレス以外不要	公開（くもん出版小学参特設サイト上に掲載されます）

・ウェブサイトの「お客さまレビュー」は、1冊につき1投稿でお願いいたします。
・「はがき」での回答と「ウェブサイト」への投稿は両方お出しいただくことが可能です。
・投稿していただいた「お客さまレビュー」は、掲載までにお時間がかかる場合があります。また、健全な運営に反する内容と判断した場合は、掲載を見送らせていただきます。

くもん出版

きりとり線

57242 「小ド 4年生言葉と文のきまり」

ご記入日（　　　年　　　月）

お子さまの年齢・性別　（　　　歳　　　ヶ月）　男 ／ 女

この商品についてのご意見、ご感想をお聞かせください。

よかった点や、できるようになったことなど

よくなかった点や、つまずいた問題など

このドリル以外でどのような科目や内容のドリルをご希望ですか？

Q1 内容面では、いかがでしたか？
1. 期待以上　2. 期待どおり　3. どちらともいえない
4. 期待はずれ　5. まったく期待はずれ

Q2 それでは、価格的にみて、いかがでしたか？
1. 十分見合っている　2. 見合っている　3. どちらともいえない
4. 見合っていない　5. まったく見合っていない

Q3 学習のようすは、いかがでしたか？
1. 最後までらくらくできた　2. 時間はかかったが最後までできた
3. 途中でやめてしまった（理由：　　　　）

Q4 お子さまの習熟度は、いかがでしたか？
1. 力がついて役に立った　2. 期待したほど力がつかなかった

Q5 今後の企画に活用させていただくために、本書のご感想などについて弊社より電話や手紙でお話をうかがうことはできますか？
1. 情報提供に応じてもよい　2. 情報提供には応じたくない

ご協力どうもありがとうございました。